sm

3

secundaria

sm

PPC

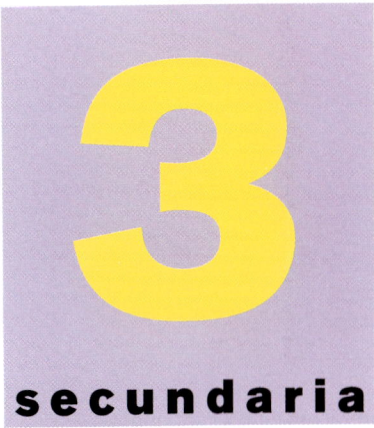

religión católica

PROYECTO BETANIA

Javier Cortés
Samuel Forcada
Gaspar Castaño

Cómo es tu libro

1. Páginas de apertura

Breve introducción al tema de estudio y relación con el tema anterior

Cuestiones para trabajar los documentos literarios y las imágenes

Imágenes relacionadas con el tema de estudio

Número y título de la unidad didáctica

Lo que se pretende aprender

La organización de los contenidos

2. Páginas de desarrollo de contenidos (6 u 8 páginas)

Número y título de la actividad de estudio

Propuestas de trabajo:
- Documento de fuente primaria (texto bíblico)
- Imagen para desarrollar el trabajo

Desarrollo de contenidos

Cuestiones para analizar los documentos

Imágenes relacionadas con el tema

3. Dossier sobe un tema cercano a los alumnos

Imagen relacionada con el contenido

Información sobre el tema de que se trata

Cuestiones para profundizar sobre el tema

Título del dossier

Diversas informaciones sobre el tema de estudio

4. Páginas finales

Marco conceptual, síntesis de los contenidos trabajados

Actividades de diverso nivel y sobre diferentes temas que ayudan a complementar lo estudiado

Ejercicios basados en documentos del Magisterio

Direcciones de Internet para que los alumnos "naveguen" y amplíen conocimientos

Investigación inicial

Un deseo de todas las personas es ser felices. Pero no todo el mundo entiende la felicidad de la misma manera. Hay quienes buscan la felicidad en las cosas materiales y hay quienes la buscan y encuentran dando sentido a su vida.

Los cuadros que tienes aquí representan a personas que encontraron la felicidad siguiendo a Jesús. Unos le conocieron personalmente y convivieron con él. Otros le conocieron por medio de los escritos que nos dejaron aquellos que le habían seguido de cerca. Todos confesaron haber sido de una u otra manera felices junto a Jesús.

1. Trata de identificar a las personas representadas en estas imágenes. Se trata de:

- **María**, la madre de Jesús;
- **Pedro**, uno de sus discípulos;
- **María Magdalena**, una de las seguidoras de Jesús;
- **Pablo**, quien primero lo rechazó y luego le anunció por todo el mundo;
- **Agustín**, pecador, obispo y santo;
- **Francisco de Asís**, uno de los santos más admirados de la historia;
- **Teresa de Jesús**, santa y fundadora;
- **Francisco Javier**, misionero incansable;
- **Juan XXIII**, uno de los papas del siglo xx;
- **Teresa de Calcuta**, mujer admirada por creyentes y no creyentes.

Ten en cuenta que las imágenes no están colocadas por este orden, así que trata de identificar cada una de ellas, bien por los conocimientos que tienes de la misma, bien por los símbolos que las acompañan. Junto a cada imagen hay un número impreso. Escribe ese número y el nombre de la persona representada.

A) Tú lo sabes todo. Tú sabes que te amo *(Jn 21, 17)*

B) Ya no quiero otro amor, pues a mi Dios me he entregado; y mi amado es para mí, y yo soy para mi amado.

C) Sé en quién he puesto mi confianza *(2 Tim 1, 12)*

D) Mi alma glorifica al Señor, y mi espíritu se regocija en Dios mi Salvador *(Lc 1, 47)*

E) Los que no quieren gozar de ti, Señor, que eres la única vida feliz, no quieren realmente la vida feliz.

2. También tienes diez frases que esas personas pronunciaron más o menos literalmente. Asigna cada frase (señalada con una letra) a cada persona. Algunas llevan la cita bíblica que te puede ayudar a identificar al personaje.

– ¿Qué sentimiento común se refleja en el conjunto de estas frases? ¿Qué expresión te dice más a ti? ¿Por qué?

3. Imagínate que eres un periodista y el director del periódico te pide que entrevistes a una de esas personas.

– ¿A quién elegirías? ¿Qué cinco preguntas no dejarías de hacer a tu entrevistado?

4. Sabemos que esas personas no viven ya en este mundo.

– ¿A qué fuente de información acudirías si quisieras dar respuesta a las preguntas que has formulado?

5. Imagínate ahora que la persona a la que vas a entrevistar es a Jesús de Nazaret y quieres documentarte seriamente antes de realizar tu trabajo.

– ¿A qué fuentes de información acudirías para obtener una documentación fiable? ¿Qué sabes de esas fuentes? ¿Qué grado de fiabilidad crees que tienen?

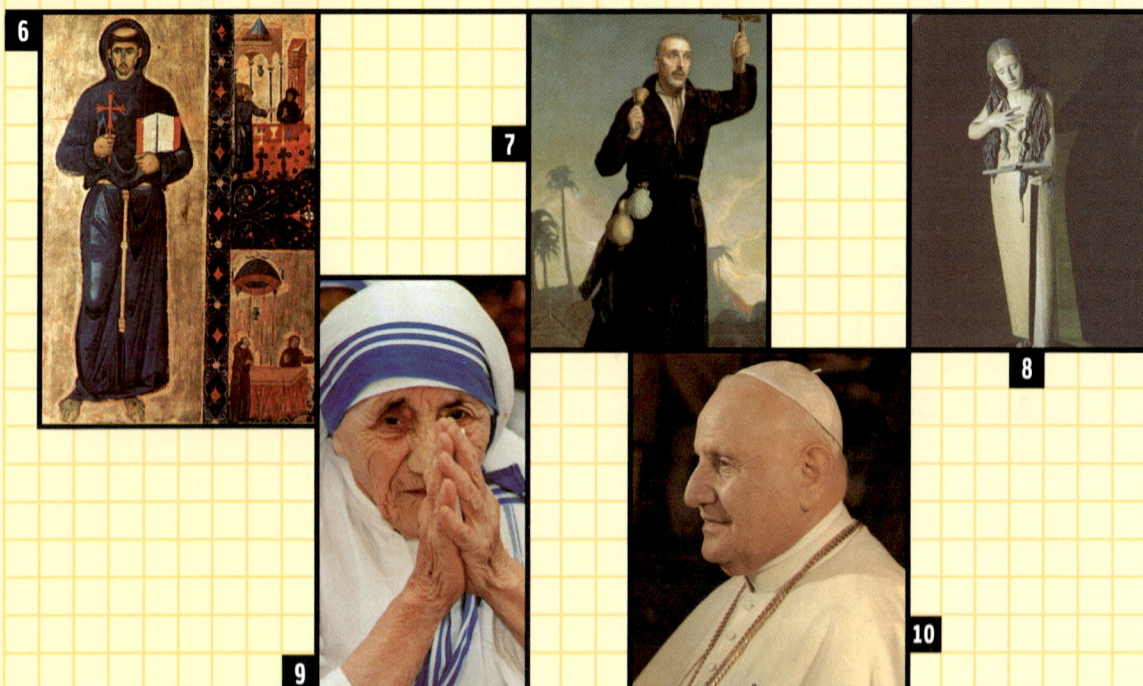

F) Alabad y bendecid todos a mi Señor dando gracias y sirviéndole eternamente.

G) ¡He visto al Señor! *(Jn 20, 18)*

H) Los peligros a los que me encuentro expuesto y los trabajos que emprendo por Dios son primavera de gozo espiritual.

I) El cristianismo es paz, alegría, amor; es vida que sin cesar se renueva. La fuente de esta alegría está en Cristo Resucitado.

J) Ser feliz es amar como Jesús ama, servir como él sirve, salvar como él salva.

Itinerario de estudio

VELÁZQUEZ, *Coronación de la Virgen.*

María, la madre de Jesús, fue la primera y la más fiel seguidora de su Hijo.

Esta unión de la Madre con el Hijo se manifiesta desde el momento de la concepción virginal de Cristo hasta su muerte: en el nacimiento en Belén, en la presentación en el templo, en la búsqueda angustiada por Jerusalén.

Desde el comienzo de la vida pública de Jesús aparece su madre: en las bodas de Caná, junto a la cruz... Ella escucha las palabras de su Hijo, las medita y las guarda en su corazón.

María, junto con los apóstoles, antes del día de Pentecostés, perseveraba unánime en la oración. También ella pide en sus oraciones el don del Espíritu.

Al final de su vida en la tierra fue asunta en cuerpo y alma a la vida celestial y ensalzada por el Señor como Reina universal.

CONCILIO VATICANO II, *Lumen gentium*, 56-59.

Para realizar este viaje seguiremos un itinerario dividido en diez etapas

En esta unidad nos centraremos no solo en saber cuáles son nuestras principales características como personas, sino también en analizar aquello que las personas deseamos: estar bien con nosotros mismos, estar bien con los demás, dar sentido a la vida.

Veremos cómo el Dios que nos presenta Jesús, un Dios uno y trino, es fundamentalmente un ser amoroso que está cerca de la vida de los cristianos.

Comprenderemos qué es la Biblia, especialmente el Antiguo Testamento, de qué libros se compone, cuándo se escribieron… Pero, sobre todo, veremos que la Biblia es un libro religioso que transmite un mensaje importante para la humanidad.

Conoceremos cómo era el país y la sociedad del tiempo de Jesús y nos fijaremos en los libros que conforman el Nuevo Testamento, sobre todo en los evangelios, para comprender el mensaje que encierran.

Veremos qué clase de mesías esperaban los contemporáneos de Jesús; nos fijaremos en qué tipo de mesías quiso ser Jesús; y, finalmente, analizaremos cómo sus discípulos reconocen en Jesús al mesías esperado.

Además de conocer quiénes eran los compañeros de Jesús y cómo se formó el grupo de sus seguidores, comprenderemos que las características principales de ese grupo eran el amor y el servicio.

Con este tema iniciamos un breve recorrido por la vida de la Iglesia en la historia, desde su nacimiento hasta nuestros días. En este tema nos fijaremos de manera especial en analizar cómo era la vida de los primeros cristianos y cómo la Iglesia se expandió.

Conoceremos el proceso de cómo la Iglesia pasó de ser perseguida a convertirse en la religión oficial del Imperio, y estudiaremos las consecuencias que esto tuvo. Conoceremos cómo surge el monacato y los primeros problemas doctrinales.

Veremos cómo se expande la Iglesia por los pueblos germánicos, las consecuencias que para el cristianismo trajo la aparición del islam y cómo los creyentes plasman en el arte sus creencias.

Después de analizar algunos de los problemas de nuestra sociedad nos fijaremos en cuál debe ser el compromiso del cristiano con la sociedad y en quién se fundamenta ese compromiso.

1 Las personas deseamos ser felices

Todas las personas desean de una u otra manera ser felices. Expresiones como "pasarlo bien" o "disfrutar de la vida" son frecuentes entre nosotros. Sin embargo, la felicidad no es algo que nos venga como caído del cielo. La felicidad no se compra, solo se consigue dando sentido a la propia vida.

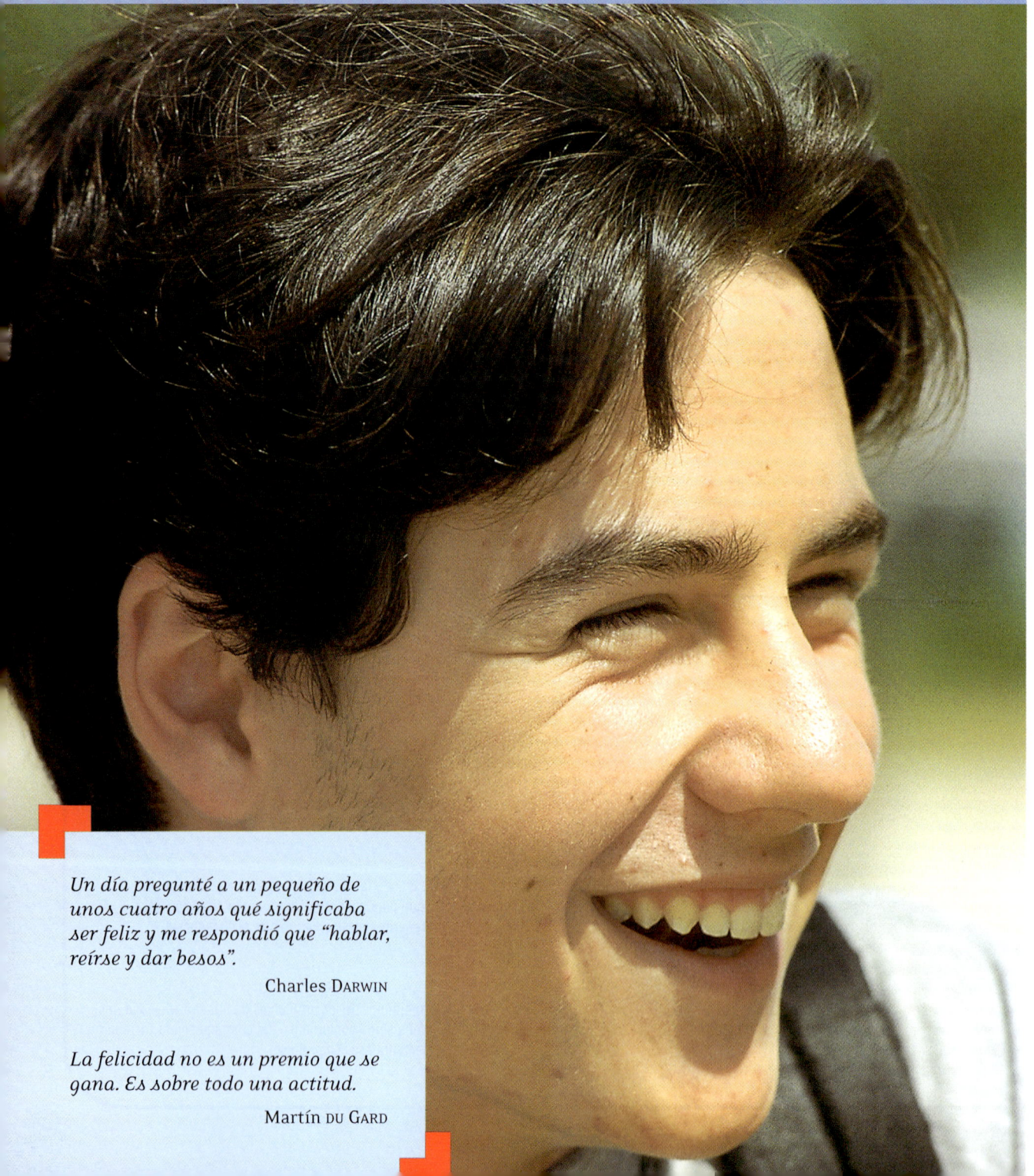

Un día pregunté a un pequeño de unos cuatro años qué significaba ser feliz y me respondió que "hablar, reírse y dar besos".

Charles DARWIN

La felicidad no es un premio que se gana. Es sobre todo una actitud.

Martín DU GARD

Una persona dichosa

A la hora de adivinar si una persona que no conocemos se siente satisfecha con la vida en general, no nos ayuda saber si acertó las quinielas o perdió millones en la bolsa hace un par de años, si es bien parecida o de físico ordinario, si es superdotada o de intelecto corriente, si es de raza blanca o de raza negra, ni si es nativa del país o es inmigrante.

Tampoco nos ayuda que nos aclaren si es hombre o mujer, si tiene veinte años o setenta, si estudió económicas o trabaja de carpintero, si vive en un piso o en una casa, o si conduce un Mercedes nuevo o un Fiat de tercera mano.

La mejor pista para poder discernir, con algún grado de certeza, si una persona es dichosa consiste en saber en qué medida posee los tres ingredientes de la personalidad feliz:

- una autoestima favorable, unida al sentido de controlar razonablemente su propia vida;

- un talante optimista y comunicativo;

- y una buena capacidad para adaptarse a los cambios y superar los retos que impone periódicamente la existencia.

Luis Rojas Marcos, *Nuestra felicidad.* Madrid, Espasa.

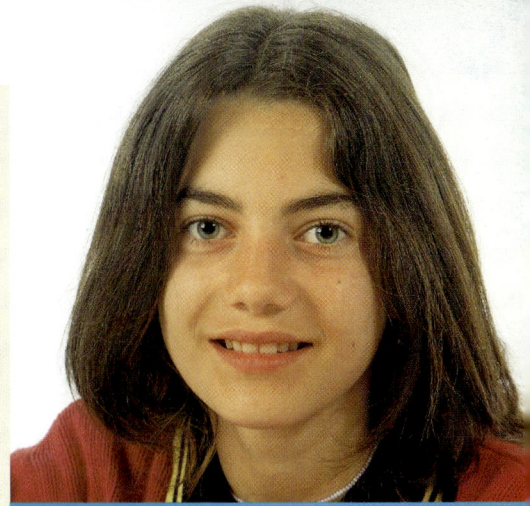

Analiza el texto y las imágenes

1. Observa las imágenes de estas dos páginas. ¿Qué tipo de emoción crees que manifiestan estos rostros?

2. Elige una de las imágenes y redacta unas líneas, en forma de diario, que reflejen lo que su rostro expresa.

3. El texto *Una persona dichosa* nos dice, en primer lugar, aquello que no nos ayuda a conocer si una persona es feliz. ¿Estás de acuerdo en lo que dice el autor?

4. ¿Estás de acuerdo con el autor en lo que son los «ingredientes de una personalidad feliz»? ¿Por qué? ¿Añadirías otros ingredientes?

5. ¿Con qué definición de felicidad estás más de acuerdo? ¿Qué es para ti ser feliz?

QUÉ BUSCAMOS	CÓMO LO HAREMOS
La vida es el bien más grande que tenemos. Sin embargo, hay muchas personas que no son conscientes de ello, no saben qué hacer con su vida.	• En primer lugar, analizaremos cómo somos y cómo evolucionamos las personas.
En esta unidad vamos a reflexionar sobre lo que es la vida en general, y sobre nosotros mismos en particular. Buscamos saber cómo somos, cómo actuamos, qué hacer para ser felices.	• Después veremos qué hemos de tener en cuenta para estar bien con nosotros mismos.
	• Analizaremos también la importancia que tienen los otros, especialmente los amigos, en nuestra maduración personal.
	• Finalmente indagaremos dónde acudir para buscar la respuesta al sentido de nuestra vida.

◣ N U E S T R A   P E Q U E Ñ A   H I S T O R I A   P E R S O N A L

Para conocernos a nosotros mismos es necesario mirar a lo que hemos sido y cómo hemos evolucionado.

1. Dibuja en tu cuaderno un cuadro similar al que tienes a continuación e indica cuáles son las características principales que definen a una persona de esa edad.

De 0 a 6 años	De 6 a 12 años	De 12 a 14 años	A partir de los 14 años

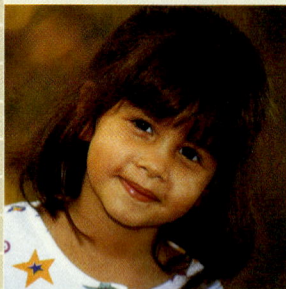

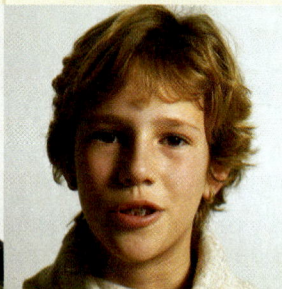

2. Completa las frases siguientes y, después, resume en dos o tres líneas cómo te ves a ti mismo.

1. El momento más feliz que recuerdo de mi vida fue...

2. Cuando miro al futuro...

3. Lo que más me gustaría ser en la vida es...

4. El momento que peor pasé en mi vida fue...

5. Lo que más necesito en estos momentos es...

6. Me gustaría ser como...

7. Lo que más me hace sufrir ahora es...

8. Lo que me gusta de la religión es...

9. Lo que no entiendo de la religión es...

10. Yo sería feliz si...

Crecemos y evolucionamos

Al igual que ocurre en la naturaleza y en otros seres vivos, en la especie humana hay una serie de leyes que rigen el desarrollo de las personas.

Pero las personas no somos solo cuerpo o materia, también poseemos mente y sentimientos. En la mente están las ideas, la inteligencia, la capacidad de razonar. Los sentimientos anidan en lo más profundo del ser y reflejan las sensaciones que producen las cosas o las situaciones en la persona.

Cuando crecemos, no solo crece y se desarrolla nuestro cuerpo; también nuestra mente, nuestros sentimientos. Durante este proceso se va conformando nuestra personalidad.

Las primeras etapas de nuestra vida

El desarrollo del niño o la niña comienza ya en el vientre de la madre. Sin embargo, es desde que nace cuando ese desarrollo comienza a hacerse más evidente.

En la primera época de nuestra vida, la que va desde que nacemos hasta los doce años, podemos distinguir dos etapas:

- *Desde la concepción hasta los seis años.* Es una etapa en la que se cimienta la personalidad. Apenas recordamos cosas de ella y, sin embargo, marca profundamente nuestra forma de ser.

La etapa que va de los seis a los doce años es conocida con los nombres de infancia feliz o infancia adulta.

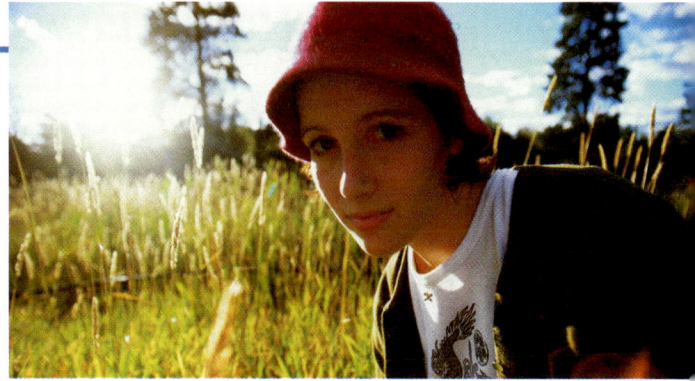

La adolescencia es una etapa llena de vitalidad en la que el adolescente va configurando el tipo de persona que desea ser.

- *Desde los seis a los doce años.* Es la llamada madurez de la infancia, o infancia feliz. Durante esta etapa se fragua de un modo preconsciente el sentimiento de autoestima.

Pubertad y adolescencia

Al finalizar la infancia comienza una etapa de grandes cambios:

- *Desde los doce a los catorce años.* Es la época de la pubertad o preadolescencia, una etapa intensa, durante la cual se produce un fuerte cambio en nuestro propio cuerpo. Esta nueva situación produce un repliegue del preadolescente sobre sí mismo, descubre un mundo interior que aún no es capaz de interpretar.

En general es una época de conflictos. Por un lado, rechaza el mundo infantil, desea ser adulto; pero, por otro, la inseguridad psicológica en que vive hace que mantenga algunos comportamientos infantiles.

En medio de estas tensiones, el preadolescente comienza a dibujar el yo ideal que le gustaría ser.

- *A partir de los catorce años* comienza la adolescencia, una etapa llena de vitalidad en la que se culmina el proceso biológico iniciado en la pubertad.

El adolescente busca, sobre todo, encontrar su propia identidad y conseguir su independencia y autonomía personales, amar y ser amado.

En los primeros años de la adolescencia se va configurando, casi de modo imperceptible, el tipo de persona que se desea ser. Se suceden intentos de ser uno mismo: preocupación por el aspecto físico, la forma de vestir, la organización del tiempo libre fuera del ámbito familiar, la elección de amigos propios, etc. Es la etapa en la que la chica o el chico comienzan a formular sus opiniones personales sobre los temas que más les interesa, incluido el religioso.

Cómo soy

1. En este cuadro tienes a la izquierda varias cualidades que pueden tener las personas. Ordénalas de mayor a menor importancia, según tu criterio.

   – Lee en horizontal el contenido del cuadro y anota en tu cuaderno, junto a la característica concreta (simpatía, sociabilidad...), la letra de la casilla que crees te corresponde más (A, B, C, D). ¿Cuáles son las cualidades que tienes más desarrolladas? ¿Y cuáles menos? ¿A qué crees que es debido?

	A	B	C	D
Simpatía	Suelo caer mal a todo el mundo.	Soy poco simpático y agradable en mi trato.	Sin ser simpático, no caigo mal a la gente.	Soy simpático y caigo bien a casi todos.
Sociabilidad	Prefiero estar solo. Los otros me molestan.	Tiendo fácilmente al aislamiento.	Me relaciono bien con los demás.	Estoy feliz cuando estoy con otros.
Constancia	No tengo fuerza de voluntad. Dejo las cosas sin hacer.	Pocas veces soy constante en lo que me he propuesto.	Hay ocasiones en las que las dificultades me rompen la constancia.	Soy constante y firme. Rara vez me arrastra la pereza.
Espiritualidad	A mí lo espiritual no me interesa nada.	Solo en algunas ocasiones me interesa lo espiritual.	Siento los valores espirituales, pero no tengo tiempo.	Me interesa más lo espiritual que lo material.
Aceptación propia	No estoy satisfecho de cómo soy.	En algunas cosas me acepto, en otras no.	Me acepto, aunque con alguna insatisfacción.	Me acepto bien y vivo contento.
Trabajo/ responsabilidad	Soy perezoso e irresponsable.	A veces descuido el trabajo y la responsabilidad.	Suelo ser trabajador y responsable, pero sin pasarme.	Soy trabajador y responsable.
Aspecto físico	No me siento satisfecho con mi aspecto físico.	Mi aspecto físico es inferior al de mis compañeros.	Me considero normal.	Destaco por mi aspecto físico.

2. Por lo que sabes de estas personas, ¿en qué cualidades crees que sobresalían? ¿Sabes qué hicieron para desarrollar esas cualidades?

Miguel Induráin.   *Madame Curie.*   *Teresa de Ávila.*   *George Harrison.*

Valorar el propio cuerpo

Durante la pubertad y primera adolescencia se producen en las personas importantes cambios físicos que, en la mayoría de los casos, desconciertan a quienes los viven.

Esta revolución que se produce en el aspecto físico hace que muchos se fijen atentamente en su propio cuerpo: hay quienes lo rechazan, hay quienes se recrean excesivamente en él y hay quienes simplemente lo aceptan y lo cuidan.

Nuestro cuerpo es una parte fundamental de nosotros mismos; por medio de él manifestamos nuestros sentimientos, nuestros pensamientos, nuestras emociones. Es más, el resto de las personas nos reconocen por nuestro cuerpo, a la vez que nosotros conocemos a los demás por el suyo.

Hemos de aceptar nuestro cuerpo de la misma manera que hemos de aceptar otros elementos de nuestra persona: la inteligencia, el carácter, la forma de ser.

Cultivar las propias capacidades

Cada persona tiene dentro de sí muchas capacidades. Algunas le vienen de nacimiento y otras las ha ido adquiriendo a lo largo del tiempo. El conjunto de las capacidades positivas constituye lo mejor de la persona.

Si alguien quiere crecer como persona necesita conocer sus propias capacidades. Para ello, con-

Conocer las propias capacidades y desarrollarlas hace que nos sintamos felices.

viene que se fije en sus gustos e inclinaciones, y también en el resultado de las cosas que hace.

Normalmente nos gusta hacer aquellas cosas que nos salen bien. Y cuando vemos que somos capaces de hacer algo bien, nos sentimos a gusto con nosotros mismos, nos hacemos una imagen positiva de nuestra persona.

Las capacidades se educan y se desarrollan con esfuerzo. Si no se les presta atención, si no se las cultiva con esmero, pueden desaparecer.

Conocer las propias capacidades, desarrollarlas y orientarlas hacia una meta determinada hace que nos sintamos felices y podamos hacer felices a los demás.

Huir de los agresores

Cuando una persona no desarrolla sus capacidades positivas es muy probable que se sienta presa de otras capacidades negativas. Entre ellas se encuentra:

- la envidia, que lleva a fijarse en las cualidades de las otras personas en vez de las propias no para copiarlas, sino para dinamitarlas;

- el odio, que cultiva sentimientos de desprecio o de agresividad hacia los otros e incluso hacia nosotros mismos;

- el desprecio hacia los otros y sobre todo hacia nosotros mismos, que nos priva de la esperanza, que es el sentimiento que alimenta la ilusión de vivir.

Construir la propia felicidad no es cuestión de un solo día. Si para aprender a andar necesitamos un año, lo lógico es que para aprender a ser felices necesitemos toda la vida.

Nuestro cuerpo es el hogar donde conviven nuestros sentimientos, nuestros pensamientos, nuestras emociones.

L O S   O T R O S

1. Dibuja en grande un cuadro similar a este. Piensa en un día cualquiera de tu vida y completa el cuadro de la siguiente manera:

   • En la columna de la izquierda pones la hora de la acción.

   • En la segunda columna, la acción que has realizado.

   • En la tercera, la persona o personas que han intervenido en la acción.

   • En la columna de la derecha, qué te ha aportado a ti personalmente la participación de esa persona.

Hora	Acción	Personas que han participado	Qué te han aportado
7:30	Levantarme.		

2. Indica tu grado de acuerdo o desacuerdo con estas afirmaciones:

   • *El infierno son los otros.*

   • *Sin los otros, el mundo sería un infierno.*

   • *Sin los otros, no podría desarrollarme.*

   • *Los otros son el principal obstáculo para mi realización.*

3. Muchas veces has hablado de los que son verdaderos amigos o amigas. Intenta poner por escrito esas ideas completando estas frases:

   • *Un verdadero amigo o amiga es*

   _____

   • *Un falso amigo o amiga es*

   _____

Necesitamos a los otros

Nosotros solos no podemos cubrir todas las necesidades que tenemos. No hubiéramos nacido si no hubieran existido nuestros padres, ni hubiéramos sobrevivido si, cuando éramos pequeños, no nos hubieran alimentado, cuidado, protegido.

También ahora necesitamos de los demás. ¿Qué haríamos si no existieran conductores, tenderos, médicos, profesores, albañiles…? No podríamos desplazarnos a lugares distantes, ni tomar alimentos frescos, ni curarnos, ni aprender cosas nuevas, ni tener una casa confortable…

Los verdaderos amigos nos ayudan a desarrollar nuestras cualidades y a corregir nuestros defectos.

Necesitamos a los amigos

¿Qué haríamos si no tuviéramos amigos? ¿Y si tuviéramos que vivir siempre solos o aislados? No podríamos compartir nuestros sentimientos con nadie, ni realizar cosas juntos, ni asistir a un concierto, ni siquiera formar un equipo para hacer deporte.

Los amigos, las personas cercanas, son quienes nos ayudan a desarrollar nuestras cualidades y a reconocer nuestros defectos…, a salir de nosotros mismos y a comprender que los otros también tienen muchas cualidades y muchas ideas de las que podemos aprender.

La amistad exige confianza

Cualquier relación humana de amistad tiene que basarse en la confianza. ¿Qué es confiar? Es *fiarse de alguien*. Cuando decimos de alguien que es nuestro amigo o nuestra amiga es porque nos fiamos de esa persona. Sabemos que no nos va a traicionar y por eso depositamos en ella nuestra confianza.

El grado de confianza aumenta a medida que la persona en quien confiamos se hace más cercana a nosotros. Es el caso de los amigos; solemos decir: "confío en él", "tengo fe en él".

Amistad y confianza van unidas: no hay amistad posible y sincera sin confianza mutua.

La confianza suprema

La confianza llega a su máxima expresión cuando amamos a una persona. Amar es confiar. Cuanto más se ama a una persona más se confía en ella. Y porque amamos a esa persona nos entregamos a ella; ponemos nuestra vida en sus manos porque sabemos que no nos va a fallar.

El amor está íntimamente relacionado con la fe, por cuanto la fe es creer en alguien, confiar en alguien, amar a ese alguien.

Confianza, fidelidad y entrega son los componentes humanos de la fe, que llega a su punto culminante en el amor.

Una persona de fe es aquella que se fía, confía, se entrega y ama. ¿De quién se fía? ¿En quién confía? ¿A quién se entrega? ¿A quién ama? De la respuesta que demos a estas preguntas dependerá en buena medida nuestro grado de felicidad.

Las relaciones humanas de amistad tienen que basarse en la confianza.

¿PARA QUÉ VIVIMOS?

Observa estos cómics. ¿Qué denuncian? ¿Crees que lo que denuncian es frecuente en nuestra sociedad?

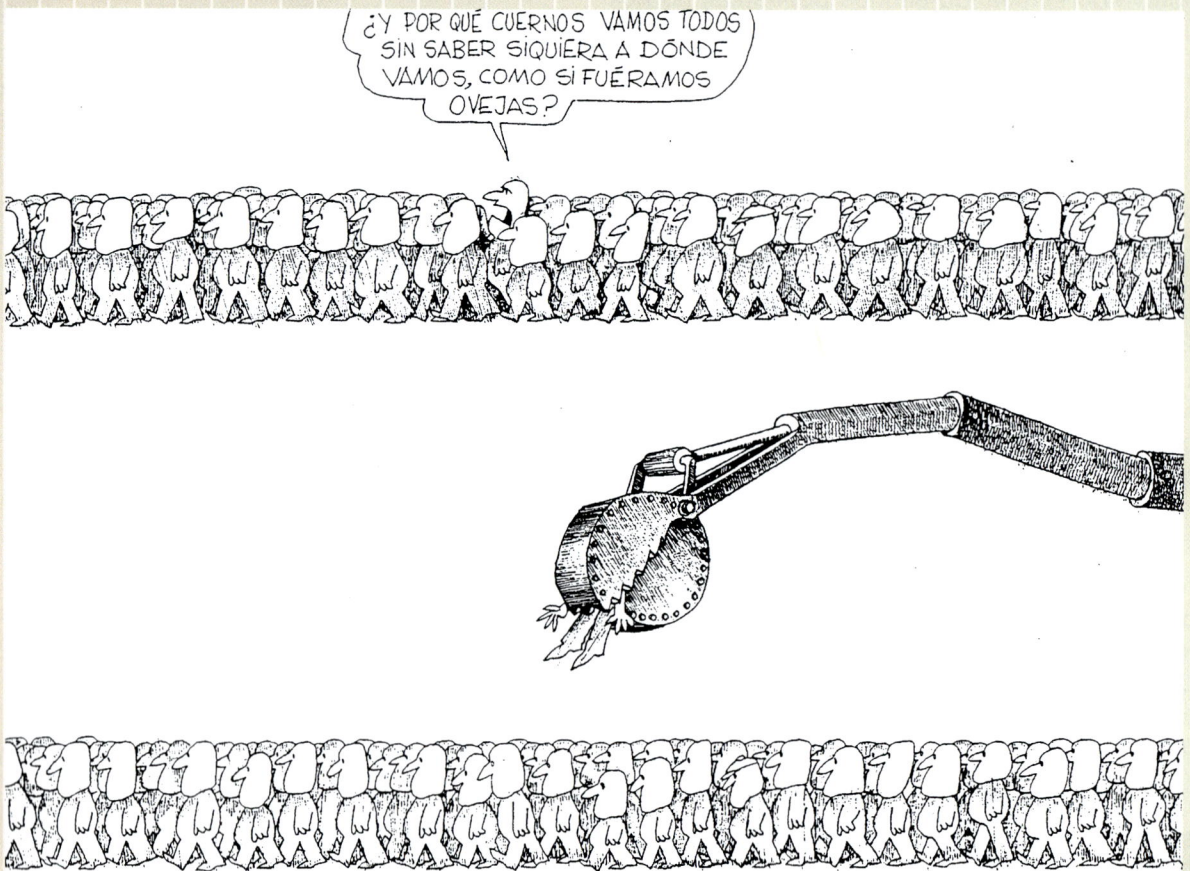

¿Y POR QUÉ CUERNOS VAMOS TODOS SIN SABER SIQUIERA A DÓNDE VAMOS, COMO SI FUÉRAMOS OVEJAS?

QUINO, *Esto no es todo* (fragmento). Barcelona, Lumen.

abba

¡EH, LOS DE AHÍ ABAJO!

LOS QUE ANDÁIS SIEMPRE TAN AJETREADOS Y CON TANTÍSIMO QUE HACER:

¿PARA QUÉ PREPARO YO CADA TARDE UNAS PUESTAS DE SOL TAN MARAVILLOSAS?

José Luis CORTÉS, en *Vida Nueva* (fragmento). Madrid, PPC.

Algo por lo que vivir

Hay personas que gozan de buena salud, disponen de medios económicos suficientes y, sin embargo, no son felices. Por el contrario, existen otras muchas personas a quienes no les ha sonreído la vida y, sin embargo, son felices. ¿Cuál es la razón?

Cuando se tienen trece o catorce años, y toda una vida por delante, es difícil imaginar que existan personas que no son felices. Y, sin embargo, hay jóvenes y adolescentes que no lo son. Quizás les falte lo que decía el poeta: "algo de qué vivir, algo por lo que vivir y algo por lo que morir".

La búsqueda de sentido

En mayor o menor grado, a todos nos preocupa lo que sucede a nuestro alrededor. A veces se trata de problemas cercanos: la salud, la familia, los amigos; otras veces se trata de problemas que, aunque estén alejados de nosotros, nos afectan directa o indirectamente: la violencia, la guerra, la marginación, la pobreza.

Porque estos problemas nos preocupan tratamos de analizarlos y buscar una respuesta satisfactoria: ¿por qué sucede eso?, ¿qué podemos hacer? Son preguntas sobre las cosas que nos rodean, sobre las causas y las consecuencias de los hechos.

Otras veces las preocupaciones son más profundas y más personales: ¿qué sentido tiene lo que hago?, ¿para qué y por qué estoy en este mundo?, ¿qué me espera en esta vida?, ¿y en el más allá? A estas y parecidas preguntas las denominamos "preguntas por el sentido de la vida".

Dónde buscar la respuesta

Estas preguntas sobre el sentido de la vida son fundamentales porque de su respuesta depende en gran medida nuestra felicidad. Ahora bien, ¿dónde encontrar una respuesta válida y convincente?

La respuesta que da la ciencia no es totalmente satisfactoria, porque lo que la ciencia pretende es explicar el funcionamiento de la realidad: pregunta por lo que es observable, por las causas y consecuencias de los hechos, pero no por el sentido de la vida.

Esto no quiere decir que la vida no tenga sentido ni que sea absurda. Al contrario, sabemos por experiencia que la vida merece la pena, tiene sentido y deseamos vivirla con intensidad. Esto es lo que se llama tener fe en la vida, creer en ella.

La búsqueda de Dios

La búsqueda al sentido de la vida hay quienes la realizan dentro de los límites de la razón y hay quienes, sin dejar la razón, traspasan esa barrera. Son los que buscan a un ser superior, buscan a Dios.

Los caminos son diversos. Hay quienes descubren signos de la presencia de Dios en la naturaleza, en los sucesos de cada día, en su interior.

Creer es razonable; pero nada más, ya que Dios desborda nuestra capacidad humana. El creyente tiene que ir más allá del razonamiento, tiene que dar un salto sin el cual no es posible creer en él.

Pero, por otro lado, solo podemos conocer a Dios si Dios mismo se nos manifiesta y revela. Esta es la condición para llegar a la fe: que Dios nos hable, nos diga quién es, salga a nuestro encuentro.

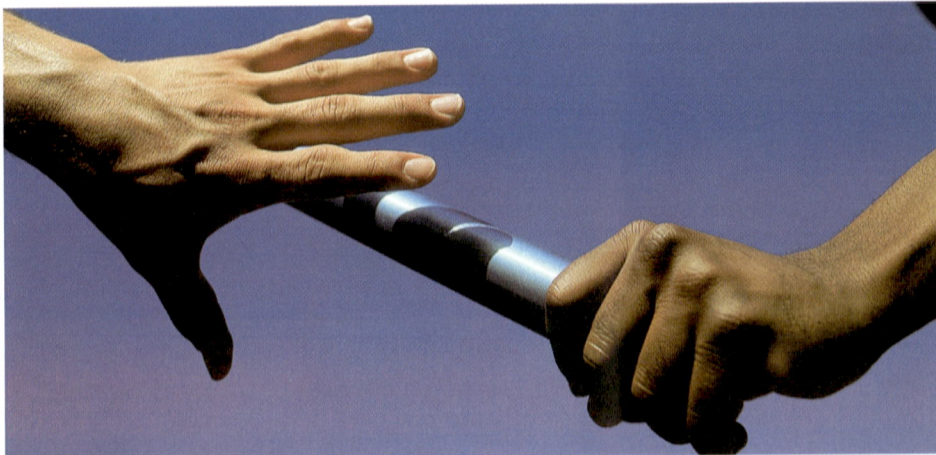

Para ser felices en la vida es necesario tener algo por lo que vivir.

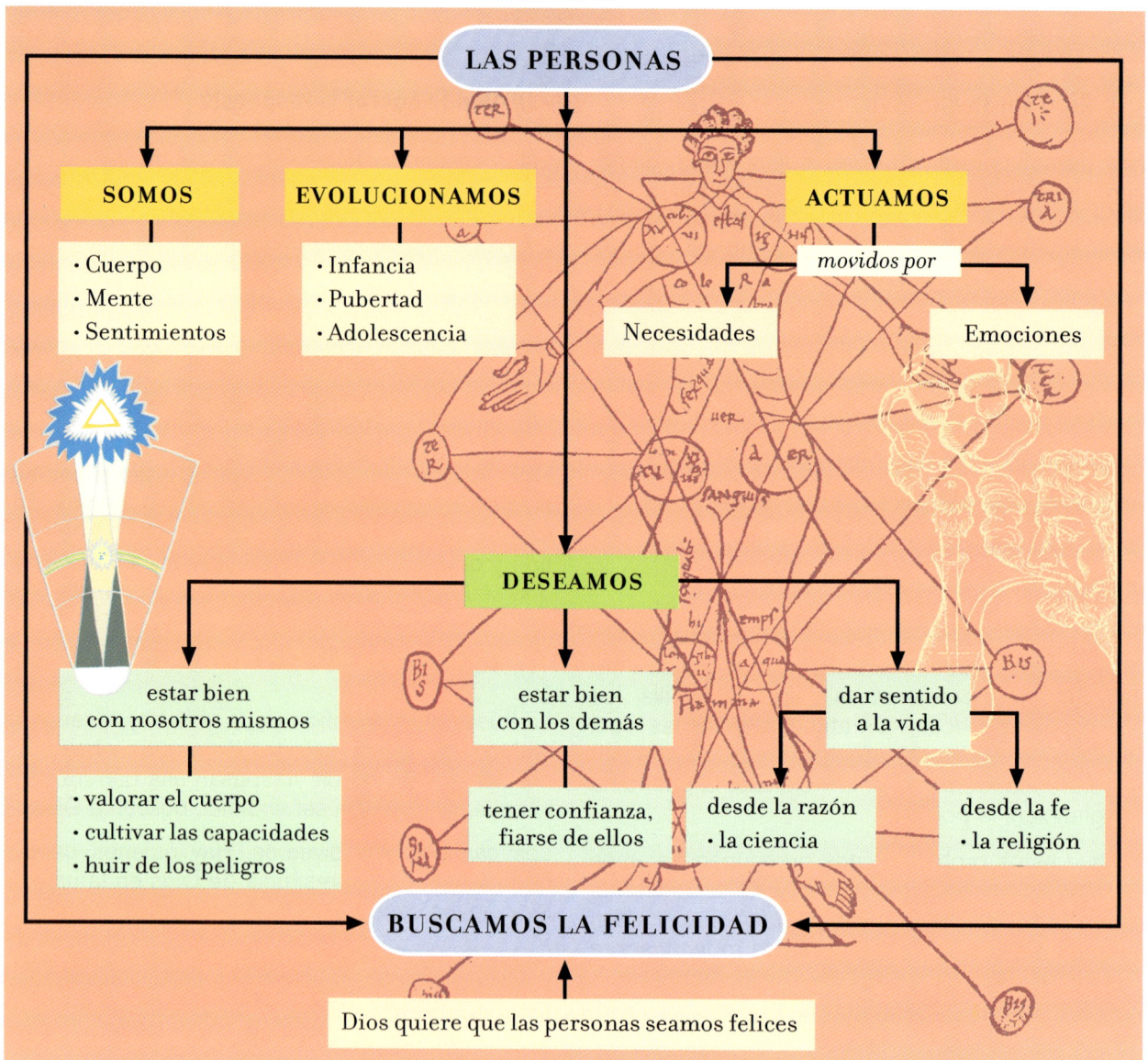

SÍNTESIS

LAS PERSONAS

SOMOS
- Cuerpo
- Mente
- Sentimientos

EVOLUCIONAMOS
- Infancia
- Pubertad
- Adolescencia

ACTUAMOS
movidos por

Necesidades

Emociones

DESEAMOS

estar bien
con nosotros mismos

estar bien
con los demás

dar sentido
a la vida

- valorar el cuerpo
- cultivar las capacidades
- huir de los peligros

tener confianza,
fiarse de ellos

desde la razón
- la ciencia

desde la fe
- la religión

BUSCAMOS LA FELICIDAD

Dios quiere que las personas seamos felices

COMPRUEBA LO QUE SABES

Relaciona estos textos del *Catecismo de la Iglesia Católica* con los temas que hemos estudiado en esta unidad didáctica. ¿Qué añaden de nuevo a lo que hemos visto en esta unidad?

- *Dios ha creado libremente al hombre para que tenga parte en su vida bienaventurada. Por eso, en todo tiempo y en todo lugar, está cerca del hombre. Lo llama y le ayuda a buscarlo, a conocerlo y a amarlo con todas sus fuerzas* (n.º 1).

- *Si el hombre puede olvidar o rechazar a Dios, Dios no cesa de llamar a todo hombre a buscarlo para que viva y encuentre la dicha. Pero esa búsqueda exige del hombre todo el esfuerzo de su inteligencia, la rectitud de su voluntad y también el testimonio de otros que le enseñen a buscar a Dios* (n.º 30).

- *A menudo, el término* alma *designa en la Sagrada Escritura la vida humana o toda la persona. Pero designa también lo que hay de más íntimo en el hombre y de más valor en él, aquello por lo que es particularmente imagen de Dios* (n.º 363).

- *El cuerpo del hombre participa de la dignidad de la imagen de Dios: es cuerpo humano precisamente porque está animado por el alma* (n.º 364).

18

1. Lee esta pequeña historia y contesta a las preguntas que se plantean al final de la misma.

Las piedras grandes

Un conferenciante quiso sorprender a los asistentes y apareció en la sala con una bandeja que contenía un frasco grande de boca ancha y unas pocas piedras del tamaño de un puño. Colocó la bandeja sobre la mesa y preguntó a los asistentes:

–¿Cuántas piedras piensan que caben en el frasco?

Después de que los asistentes hicieran sus conjeturas, empezó a meter piedras hasta que se llenó el frasco. Luego preguntó:

–¿Está lleno?

Todo el mundo lo miró y asintió. Entonces sacó de debajo de la mesa un cubo con gravilla. Metió parte de la gravilla en el frasco y lo agitó. Las piedrecillas penetraron en los espacios que dejaban las piedras grandes. El conferenciante sonrió con ironía y repitió:

–¿Está lleno?

Esta vez los oyentes dudaron. Entonces sacó un cubo con arena que comenzó a volcar en el frasco. La arena se filtraba en los pequeños recovecos que dejaban las piedras y la grava.

–¿Está lleno? –preguntó de nuevo.

–¡No! –exclamaron los asistentes.

–¡Bien! –dijo, y cogió una jarra de agua de un litro que comenzó a verter en el frasco.

El frasco aún no rebosaba.

–Bueno, ¿qué hemos demostrado? –preguntó

Uno de los asistentes respondió:

–Que no importa lo lleno que esté tu tiempo; si lo intentas, siempre puedes hacer más cosas.

–¡No! –concluyó el conferenciante–. Lo que esta lección nos enseña es que si no colocas las piedras grandes primero, nunca podrás colocarlas después. ¿Cuáles son las grandes piedras en tu vida: tus padres, tus amigos, tu salud...?

Recuerda, pon primero las cosas importantes. El resto encontrará su lugar.

2. Observa atentamente este cómic de Quino.

– Explica las sensaciones que vive este pintor. ¿Qué opinión te merecen?

– Al ver la viñeta, ¿recuerdas alguna historia personal que se le parezca? ¿Cuál?

QUINO, *Esto no es todo*. Barcelona, Lumen.

EN LA RED

www.fueradeclase.com

Una página en la que se habla de temas que interesan a los jóvenes desde un punto de vista divertido y comprometido con la realidad. En la sección "Diario íntimo" un chico y una chica escriben las impresiones de cada día.

www.fun-humanismo-ciencia.es

Se trata de la página de la Fundación Humanismo y Ciencia. Si entras en "Actividades" y después en "Estudios sobre la felicidad", encontrarás artículos que te pueden resultar de especial interés.

www.adolescentesxlavida.com

Encontrarás opiniones de chicos y chicas sobre lo que es para ellos la adolescencia.

2

El Dios cristiano

En la búsqueda de sentido para la vida muchos hombres y mujeres se han encontrado con el Dios cristiano. Muchos han visto en él la fuente de su felicidad. Jesús así lo vivió y nos lo mostró. ¿Es el Dios cristiano tan grande como para hacernos felices?

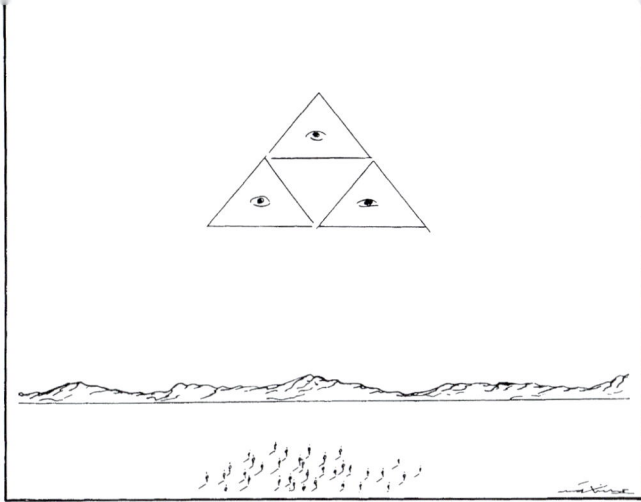

Analiza el texto y las imágenes

1. El cuadro *La Trinidad* fue pintado a comienzos del siglo XIII por un autor anónimo.

   – ¿A quiénes representan las personas y los símbolos que hay en él?

   – ¿Sabes cómo se llama la unidad de esas tres personas? ¿Qué relación parece que hay entre las tres?

2. Observa las viñetas de Máximo.

   – ¿Cómo representa el dibujante en ellas el Dios cristiano?

   – ¿Podrías asignar a cada viñeta un título concreto?

3. Fíjate en estos textos. ¿Cuándo se utilizan en la oración de los cristianos? ¿Recuerdas alguna expresión parecida en otras oraciones cristianas? ¿Sabes lo que significa?

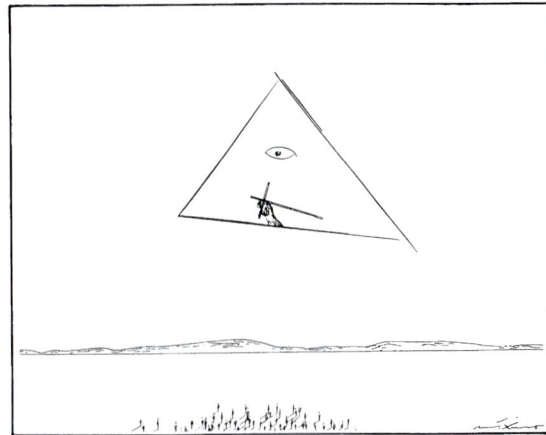

> • *En el nombre del Padre, del Hijo y del Espíritu Santo.*
>
> • *Por Cristo, con él y en él, a ti Dios Padre omnipotente en la unidad del Espíritu Santo, todo honor y toda gloria por los siglos de los siglos. Amén.*

MÁXIMO, en Herminio Otero,
De Pascuas a Ramos. Madrid, CCS.

QUÉ BUSCAMOS	CÓMO LO HAREMOS
Concluíamos el tema anterior afirmando que hay quienes buscan el sentido de la vida en el encuentro con Dios, a quien solo podemos conocer si él se manifiesta.	• En primer lugar veremos cómo Jesús presenta un Dios que, siendo único, incluye en su misma esencia la diversidad.
En este tema nos interesaremos por conocer cómo se ha manifestado a los hombres el Dios de los cristianos.	• Después nos fijaremos en algunos aspectos de ese Dios: fundamentalmente, en su ser amoroso y en lo inabarcable de su misterio.
	• Por último comprobaremos cómo Dios, que es uno y trino, está cerca de la vida de los cristianos.

PADRE, HIJO Y ESPÍRITU SANTO

1. Jesús inicia su actividad pública con el bautismo. Lee el texto de Marcos en el que se narra ese episodio de la vida de Jesús y observa con atención el cuadro, donde aparecen, en vertical, las tres figuras que representan: al Padre, que derrama su bendición; a la paloma, imagen del Espíritu; y a Jesús.

- Reproduce en tu cuaderno las siluetas de las figuras. Pon nombre a cada una de ellas.

- Coloca en el dibujo las palabras que el Padre dirige a Jesús.

Joaquín PATINIR, *Bautismo de Jesús.*

> Por aquellos días llegó Jesús desde Nazaret de Galilea y fue bautizado por Juan en el Jordán. En cuanto salió del agua vio rasgarse los cielos y al Espíritu descender sobre él como una paloma. Se oyó entonces una voz desde los cielos:
>
> —Tú eres mi Hijo amado, en ti me complazco.
>
> *(Mc 1, 9-11)*

2. A lo largo de su vida pública, Jesús habló del Padre y del Espíritu y se relacionó con ellos. Aquí tienes dos columnas con textos que se refieren a cada una de esas dos relaciones. Construye dos frases que recojan cómo se siente Jesús con respecto al Padre y al Espíritu.

- *Jesús, en relación con el Padre, se siente...*

- *Jesús, en relación con el Espíritu, se siente...*

JESÚS y...

... EL PADRE	... EL ESPÍRITU
• Jesús cayó rostro en tierra y estuvo orando así así: «Padre mío, si es posible, que pase de mí esta copa de amargura; pero no sea como yo quiero, sino como quieres tú» *(Mt 26, 39)*	• Jesús, lleno de la fuerza del Espíritu, regresó a Galilea, y su fama se extendió por toda la comarca *(Lc 4, 14)*
• El Padre y yo somos uno *(Jn 10, 30)*	• Si por el Espíritu de Dios expulso yo los demonios, es que ha llegado a vosotros el Reino de Dios *(Mt 12, 28)*
• Todo me lo ha entregado mi Padre, y nadie conoce al Hijo sino el Padre; y al Padre no lo conoce más que el Hijo, y aquel a quien el Hijo se lo quiera revelar *(Mt 11, 27)*	• El Espíritu Santo, a quien el Padre enviará en mi nombre, hará que recordéis lo que yo os he enseñado y os lo explicará todo *(Jn 14, 26)*

Un Dios que se manifiesta en tres Personas

En la misma escena del bautismo de Jesús, con la que este inicia su vida pública, se pone de manifiesto que en su vida hay tres grandes protagonistas: él mismo; el Padre, que lo ama; y el Espíritu, que lo llena totalmente.

Podemos decir que en los evangelios encontramos a Dios de tres maneras.

- Jesús de Nazaret se presenta como Dios Hijo, que se hace presente entre los hombres y las mujeres de su tiempo, que está lleno del Espíritu y que es amado por el Padre al que se siente profundamente unido.

- Dios Padre es el que envía al Hijo al mundo con una misión y le sostiene con su amor. Jesús llamaba a Dios «Padre».

- Dios Espíritu llena a Jesús con su fuerza, le guía y le conduce. Al mismo tiempo, Jesús anuncia a sus discípulos que el Espíritu vendrá cuando él se vaya para ayudarles en todo.

Así, Jesús, el Hijo de Dios, nos presenta toda la grandeza del Dios de los cristianos.

Las manos de Dios Padre (Chartres, catedral).

Lorenzo LOTTO, *La Trinidad*.

Jesús se relaciona con Dios Padre y nos habla de él

Para Jesús, Dios Padre no es una idea, sino más bien una presencia íntima, una presencia que él mismo siente como un inmenso amor.

Pero, además, Jesús manifiesta que él mismo está completamente unido al Padre. Todo lo que Jesús es procede de Dios Padre. Solo Jesús puede enseñarnos realmente quién es Dios Padre y ponernos en relación con él.

Jesús se relaciona con el Espíritu Santo y nos habla de él

El Hijo y el Espíritu son distintos pero inseparables. Jesús vive el Espíritu Santo en total comunión con él; como una fuerza que le permite ir cumpliendo con su misión de liberación; como si Dios Padre no le abandonara, sino que le proporcionara la fuerza necesaria para cumplir con la misión que le había encomendado. Ese mismo Espíritu le sirve a Jesús de guía, le va enseñando el camino a lo largo de su vida.

Pero Jesús también habla a sus discípulos del Espíritu y les dice que ese mismo Espíritu que le ha ayudado a él, también sus discípulos lo recibirán para que asimismo ellos tengan esa fuerza para cumplir su misión.

◣ ANALIZA UN ICONO

Este cuadro se llama *La Trinidad* y fue pintado en Rusia a comienzos del siglo XV por A. Rublev. Se trata de un icono, una pintura propia de la religión cristiana ortodoxa de la Europa oriental.

– Observa detenidamente el cuadro, acompañándolo del comentario, para intentar captar toda la profundidad de esa pintura.

El ambiente

En el icono vemos ante todo tres figuras con alas de ángel. Están sentadas en torno a una mesa en la que hay una copa. El color predominante es el dorado, que simboliza el mundo divino, el clima que crea la presencia de Dios. El ambiente de la escena es el de los que se sienten a gusto estando juntos. Se respira paz y serenidad. A la vez, hay vida, movimiento y relación entre los tres.

La forma y su significado

La forma de representar las figuras es muy peculiar. Si miramos los rostros diríamos que son la misma persona. Los tres llevan en su mano izquierda una vara o cetro, símbolo de que poseen un poder igual; y también un vestido azul, color que representa la profundidad del ser de Dios. El círculo en el que se inscriben los tres ángeles nos habla igualmente de la unidad perfecta que forman ellos.

El color y las posturas

Los colores de cada una de las prendas del vestido y las posturas de los personajes son diferentes:

– El ángel de la izquierda se diferencia por el color dorado, símbolo de la divinidad; el del centro, por el rojo, símbolo del sacrificio y de la entrega de sí mismo; y el de la derecha, por el color verde, expresión de la vida y de la fertilidad.

– El ángel de la izquierda tiene la cabeza más levantada, es el que parece llevar la iniciativa. Hacia él miran y reverencian con una leve inclinación de cabeza los otros dos.

El Dios cristiano es Trinidad

Los discípulos aprendieron directamente de Jesús que, siendo él Dios, también se relaciona con el Padre y con el Espíritu. En definitiva, comprendieron que el Dios cristiano lo que quiere es estar cerca de las personas, acercarse a la vida de los hombres, como Padre, como Hijo en Jesús y como Espíritu. Ese es su objetivo: un Dios amor en sí mismo que sale al encuentro de los hombres.

Dios es misterio

Desde muy pronto los cristianos intentaron expresar esta realidad del Dios cristiano y por eso hablaron de la Trinidad: en realidad, Dios, en su grandeza, es misterio. Su comprensión absoluta nos supera y cualquier palabra que digamos sobre él es limitada. Lo importante no es el nombre, sino la realidad: de Jesús aprendieron los discípulos que Dios es un amor que quiere encontrarse siempre con los hombres.

Ese amor se desborda:

– como **Padre** (Dios ama como Padre, del mismo modo que amó a Jesús);

– como **Hijo**, en la persona de Jesús (Dios ama como Hijo, del mismo modo que Jesús amó a sus discípulos);

– como **Espíritu** (Dios ama como Espíritu, del mismo modo que Jesús vivió la fuerza del Espíritu).

Un solo Dios en tres Personas

El hecho de que los discípulos vivieran a Dios como Padre, como Hijo en Jesús y como Espíritu, sobre todo a partir de Pentecostés, no supuso nunca que creyeran en varios dioses.

Desde el principio los cristianos creyeron en un solo Dios. El cristianismo es monoteísta. En este único Dios hay tres personas, igualmente divinas y eternas, pero distintas entre sí. Las tres forman una unidad indivisible.

Este amor absoluto sale de la Trinidad hacia los hombres y se manifiesta en todas las acciones que Dios ha llevado a cabo a lo largo de la historia a favor de la humanidad.

Aunque la Trinidad actúa conjuntamente, hay algunas acciones que se atribuyen preferentemente a una de las personas. Así, se dice que:

– Es propio del **Padre**: ser origen de todo, la creación, el envío de Jesús al mundo, resucitar a Jesús y enviar al Espíritu Santo.

– Es propio del **Hijo**: hacerse hombre, pasar por el mundo haciendo el bien, morir y resucitar por nosotros y estar presente en el mundo por medio del Espíritu.

– Es propio del **Espíritu**: ser guía e impulso en la vida de Jesús, poner en marcha la Iglesia en Pentecostés y conducirla a lo largo de la Historia, y hacer presente en las personas a Jesús resucitado.

▲ LOS CRISTIANOS Y LA TRINIDAD

1. Pablo, el principal artífice de la gran expansión del cristianismo en el siglo I, escribió varias cartas a las comunidades que iba fundando. En una de ellas, la de los Efesios, hace una bonita oración en la que desea lo mejor para esa comunidad.

   – Léela atentamente y fíjate bien en lo que Pablo dice del Padre, del Hijo y del Espíritu.

   – Aquí Pablo no está hablando teóricamente sobre Dios, sino que intenta describir cómo el Padre, el Hijo y el Espíritu se hacen presentes en la vida de los cristianos. ¿Cómo se hace presente cada una de las Personas divinas en la vida de los cristianos?

> Por eso doblo mis rodillas ante el Padre, de quien procede toda familia en los cielos y en la tierra, para que, conforme a la riqueza de su gloria, os robustezca con la fuerza de su Espíritu, de modo que crezcáis interiormente.
>
> Que Cristo habite por la fe en vuestros corazones; que viváis arraigados y fundamentados en el amor. Así podréis comprender, junto con todos los creyentes, cuál es la anchura, la longitud, la altura y la profundidad del amor de Cristo; un amor que supera todo conocimiento y que os llena de la plenitud misma de Dios.
>
> A Dios, que tiene poder sobre todas las cosas y que, en virtud de la fuerza con que actúa en nosotros, es capaz de hacer mucho más de lo que nosotros pedimos o pensamos, a él la gloria en la Iglesia y en Cristo Jesús por siempre y para siempre. Amén.
>
> *(Ef 3, 14-21)*

Alberto DURERO, *La adoración de la Santísima Trinidad.*

2. Cuando Jesús se despidió de sus discípulos y les dio las últimas recomendaciones, también habló de la Trinidad: «Poneos, pues, en camino, haced discípulos a todos los pueblos, y bautizadlos para consagrarlos al Padre, al Hijo y al Espíritu Santo» *(Mt 28, 19)*.

   – ¿Por qué crees que Jesús utilizó esta fórmula trinitaria? ¿Recuerdas en qué oraciones o celebraciones cristianas se emplean expresiones trinitarias? Haz una relación de ellas.

3. Consulta la página 71 del libro. Allí encontrarás una oración muy antigua denominada *Credo apostólico* o *Símbolo de los apóstoles*, no porque la escribieran los apóstoles sino porque se basa en la fe de los apóstoles. ¿En qué tres partes se puede dividir el credo? ¿A quién hace referencia cada una de ellas?

Un Dios cercano

El cristiano revive en su vida la misma experiencia que los discípulos tuvieron de Dios: experimentaron la cercanía de Dios en la persona de Jesús, sintieron que Dios les amaba como Padre y recibieron la fuerza y el impulso de Dios por medio de su Espíritu.

El cristiano experimenta en su vida esa misma presencia y acción amorosa de la Trinidad:

– En el Padre encuentra el origen de su vida, la confianza de hijo acogido, respetado y amado, y también la meta, puesto que desea vivir eternamente unido a él.

– En el Hijo Jesús descubre el amor total de Dios, que se ha entregado hasta la muerte como ideal de vida y de felicidad. Jesús es el amigo cercano, el que acompaña y comprende porque ha experimentado la vida humana.

– En el Espíritu encuentra el cristiano una fuente inagotable de vida que le permite estar animado e impulsado por el mismo Espíritu que movía a Jesús y que le conduce hacia la felicidad.

Esta experiencia de Dios lleva al cristiano a vivir a gusto y confiado, a sentirse amado y amar como Dios lo hace. Esta cercanía de Dios como Padre, como Hijo y como Espíritu impulsa y da sentido a la vida del cristiano, y eso se manifestará en su alegría y en su trabajo solidario y comprometido para hacer del mundo una comunión de amor inspirada en la comunión de amor de la Trinidad.

La Trinidad: un poco de historia

Los cristianos, basándose en las palabras de Jesús, creyeron siempre en el Padre, en el Hijo y en el Espíritu Santo. Pero, cuando intentaron entender y explicar su fe en Dios, se encontraron con dificultades tanto dentro como fuera de la Iglesia.

MASACCIO, *La Trinidad*.

- Los judíos afirmaban que Dios está en el cielo, y es imposible que se haga hombre y, mucho más, que muera en la cruz. Para ellos, Jesús no era Dios.

- El mundo grecorromano era politeísta y, al oír hablar de la Trinidad, podía pensar que los cristianos también lo eran. Para los paganos, la Trinidad eran tres dioses.

- También algunos cristianos encontraban dificultad para afirmar que Jesús fuese Dios hecho hombre. Decían que era un ser superior a nosotros, pero no Dios. Otros veían al Espíritu como una fuerza que sale de Dios, pero distinta de él.

Las discusiones sobre estos problemas fueron difíciles y complicadas, y duraron varios siglos. Los cristianos fueron clarificando poco a poco su idea de Dios. En el siglo IV se celebraron dos concilios que llegaron a establecer de manera definitiva la fe cristiana: el de Nicea (325) y el de Constantinopla (381). El primero se centró sobre todo en la figura del Hijo, y el segundo en la del Espíritu. El fruto de estos dos concilios fue un credo que hoy los cristianos seguimos rezando como expresión de nuestra fe.

D O S S I E R

Antonio de PEREDA: *La Trinidad*.

El término 'Trinidad' ocupa más de tres millones y medio de páginas en Internet

La presencia de la Trinidad en nuestras tradiciones y nuestra cultura es muy frecuente. Son muchos los pueblos o ciudades de nuestro país, y del mundo cristiano, que tienen a la Trinidad como patrona. Sabido es que la fiesta de la Santísima Trinidad se celebra el domingo siguiente al de Pentecostés.

Pero la Trinidad tiene otras muchas presencias: hay países que llevan el nombre de Trinidad, como Trinidad y Tobago, en el Caribe; ciudades de numerosos países, como por ejemplo en Bolivia, Cuba o el estado norteamericano de Colorado (en este estado también hay un lago con el nombre de Trinidad); calles de ciudades y pueblos; hermandades y cofradías, como en Sevilla; prestigiosos colegios o universidades, como el Trinity College de Dublín; y, por supuesto, personas.

Trinidad es un nombre tanto masculino como femenino, aunque se suele dar más en mujeres que en hombres. Incluso personajes de ficción llevan este nombre, como Trinity, la mujer de la película *Matrix* que tiene un papel destacado en la salvación de Neo.

La Trinidad ha dejado tantas huellas en nuestras costumbres y en nuestra cultura, que en Internet hay más de tres millones y medio de páginas que hacen referencia a este término.

Numerosos monasterios del mundo cristiano están dedicados a la Santísima Trinidad, como este de Meteora, en Grecia.

En el mundo católico, la orden de los Trinitarios, fundada a finales del siglo XII para la liberación de los cautivos, se dedica hoy a ayudar en la liberación de otras esclavitudes como la de la droga.

El número tres

En todos los pueblos existe el tres como número especialmente destacado. En él se supera la división; principio, mitad y fin están resumidos en él.

- Es una referencia simbólica a la unidad de la familia: padre, madre, hijo.

- Muchas religiones tienen su tríada de dioses:
  - Osiris-Isis-Horus en Egipto
  - Brahma-Visnú-Siva en India
  - Júpiter-Juno-Minerva en Roma

- En la mentalidad antigua, el mundo entero está compuesto por el cielo, la tierra y el mundo subterráneo.

- En la Biblia aparece con frecuencia:
  - Dios es el tres veces santo (Is 6, 3)
  - Los tres ángeles que se aparecen a Abrahán hacen referencia al Dios único (Gn 18, 1-8)
  - Los israelitas tenían que presentarse ante el Señor tres veces al año (Ex 23, 17)
  - Los tres padres de familia, Sem, Cam y Jafet, simbolizan las raíces de toda la humanidad (Gn 10, 18-19)
  - Tres días permaneció Jonás en el vientre del pez (Jon 2, 1)

- El número tres ha quedado en expresiones populares: en la vida corriente, las cosas definitivas se hacen "a la de tres", o "a la tercera va la vencida".

La Trinidad en la poesía

Como amado en el amante
uno en otro residía,
y aqueste amor que los une,
en lo mismo convenía.

Con el uno y con el otro
en igualdad y valía;
tres Personas y un amado
entre todos tres había.

Por lo cual era infinito
el amor que las unía,
porque un solo amor tres tienen,
que su esencia se decía;
que el amor cuanto más uno
tanto más amor nacía.

San Juan DE LA CRUZ

EL SER
QUE LOS TRES
POSEEN,
CADA CUAL
LO POSEÍA

ANALIZA

1. ¿Qué presencia tiene la Trinidad en el medio cultural donde vives? ¿Puedes aportar otros datos, además de los que aquí se indican, sobre la Trinidad?

2. ¿Podrías añadir otras acepciones del número tres que se utilicen en el mundo de la cultura?

3. ¿Qué destaca de la Trinidad el poema de san Juan de la Cruz?

4. No solo la pintura, también la escultura ha representado a la Trinidad; ¿conoces en este sentido alguna otra expresión artística?

La Trinidad en la pintura española

La Trinidad ha sido plasmada de múltiples maneras por los pintores españoles, especialmente durante el Renacimiento y el Barroco. El Greco, Ribera, Velázquez, Murillo, Pereda, Claudio Coello y otros muchos nos han dejado obras de una excelente calidad artística y con un profundo contenido religioso. A veces, el motivo central y casi único del cuadro es la Santísima Trinidad, pero en otras muchas ocasiones el motivo es una escena evangélica en la que, en un segundo plano, está la Trinidad.

Los símbolos que utilizan los artistas son casi siempre los mismos: el Padre es representado como una persona mayor; el Hijo, como una persona adulta con rasgos muy humanos; el Espíritu está representado casi siempre como una paloma.

EL GRECO, La Trinidad.

RIBERA, La Trinidad.

DIOS ES TRINIDAD

• Creación
• Historia de la salvación
• Resurrección de Jesús
• Envío del Espíritu

→ afectos →

• Confianza
• Seguridad
• Unión
• Amor

PADRE

HIJO

DIOS
Comunidad
y expresión
de amor

ESPÍRITU

• Encarnación
• Palabras y obras salvadoras
• Muerte y resurrección
• Presencia permanente

• Vida y fuerza de Jesús
• Fundación y animación de la Iglesia
• Comunicación de la vida del Resucitado

afectos →

• Cercanía
• Acompañamiento
• Ideal de vida
• Ideal de felicidad

• Impulso
• Esperanza
• Fuerza
• Fuente de vida

afectos →

C O M P R U E B A   L O   Q U E   S A B E S

Aquí tienes algunos artículos del *Catecismo de la Iglesia Católica*. ¿Crees que resumen bien lo que en este tema hemos visto de la Santísima Trinidad?

– Relaciona estos artículos con los contenidos que hemos estudiado en este capítulo.

● *El misterio de la Santísima Trinidad es el misterio central de la fe y de la vida cristiana. Es el misterio de Dios en sí mismo. Es, pues, la fuente de todos los misterios de la fe; es la luz que los ilumina. Es la enseñanza más fundamental y esencial en la "jerarquía de las verdades de la fe"* (n.º 234a).

● *Toda la historia de la salvación no es otra cosa que la historia del camino y los medios por los cuales el Dios verdadero y único, Padre, Hijo y Espíritu Santo, se revela, reconcilia consigo mismo a los hombres, apartados por el pecado, y se une con ellos (DCG 47)* (n.º 234b).

● *Dios, ciertamente, ha dejado huellas de su ser trinitario en su obra de Creación y en su Revelación a lo largo del Antiguo Testamento. Pero la intimidad de su Ser como Trinidad Santa constituye un misterio inaccesible a la sola razón e incluso a la fe de Israel antes de la Encarnación del Hijo de Dios y el envío del Espíritu Santo* (n.º 237b).

● *Los cristianos son bautizados en "el nombre" del Padre y del Hijo y del Espíritu Santo, y no en "los nombres" de estos, pues no hay más que un solo Dios, el Padre todopoderoso y su Hijo único y el Espíritu Santo: la Santísima Trinidad* (n.º 233).

1. El domingo siguiente a Pentecostés se celebra la fe de la Iglesia en el misterio de Dios uno y trino: Padre, Hijo y Espíritu Santo. Busca en estos textos dos fórmulas trinitarias: *Mt 28, 19* y *2 Cor 13, 13*.

   – ¿En qué circunstancias pronuncian Jesús y Pablo estas fórmulas?

2. Lee el siguiente testimonio de un cristiano. ¿Qué dice sobre la relación entre el Dios trinitario y la vida de los cristianos?

   Dios nunca puede obligar o forzar a nadie a actuar de una determinada manera. Creo que Dios querría que el mundo fuese como él es: una perfecta comunidad de amor. Y hace todo lo posible porque sea así. Hubo un santo que decía: «Contemplando la imagen de la Trinidad hemos de vencer las odiosas divisiones de este mundo. Por eso mi fe en Dios me lleva a colaborar con él para hacer un mundo sin odios ni injusticias».

3. Resuelve el siguiente acróstico:

   ```
   1       _ _ _ _ T _ _ _
   2         _ _ R _ _ _
   3       _ _ _ _ _ _ I _ _
   4         _ _ N _ _ _ _ _ _ _
   5           _ I _ _ _
   6         _ _ D _ _
   7         _ A _ _ _ _
   8   _ _ _ _ _ _ D _ _
   ```

   1. En la catedral de esa ciudad hay una imagen de las manos de Dios.
   2. Pintó un excelente cuadro de la Trinidad.
   3. Jesús rogará al Padre para que envíe otro.
   4. Al domingo siguiente de esa fiesta, se celebra la Santísima Trinidad.
   5. Uno de los concilios en los que se definió la fe cristiana.
   6. Dios lo es.
   7. Uno de los símbolos con los que se suele representar al Espíritu Santo.
   8. Rublev pintó un famoso icono con ese título.

4. Observa estas dos viñetas.

   – ¿Qué símbolos utiliza Máximo para representar a las tres personas de la Trinidad?

   – ¿Qué significado puede tener el triángulo en la viñeta de Cortés?

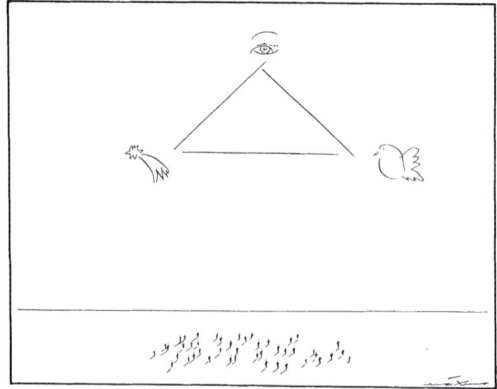

MÁXIMO.

CONÓCEME COMO PUEDAS.
ADÓRAME COMO QUIERAS.
ÁMAME COMO SEPAS.

José Luis CORTÉS.

EN LA RED

www.iglesia.org

Si vas a "Artículos", dentro de esta página, encontrarás una explicación del significado de la fiesta de la Santísima Trinidad.

www.corazones.org/oraciones/trinidad_oraciones.htm

En esta dirección puedes encontrar algunas oraciones a la Santísima Trinidad y a cada una de las Personas divinas que Juan Pablo II hizo con ocasión del Jubileo del año 2000.

www.dominicos.org

Esta es la página de los dominicos de España. Tecleando *Trinidad* en el buscador hallarás una breve historia de la fiesta de la Santísima Trinidad.

3

La Biblia: Antiguo Testamento

Para conocer bien a una persona es necesario conocer no solo la historia de su vida personal sino también la de su entorno más cercano. Para conocer a Jesús es necesario conocer también la historia de su pueblo. La Biblia nos narra ambas historias: la de Jesús y la de su pueblo.

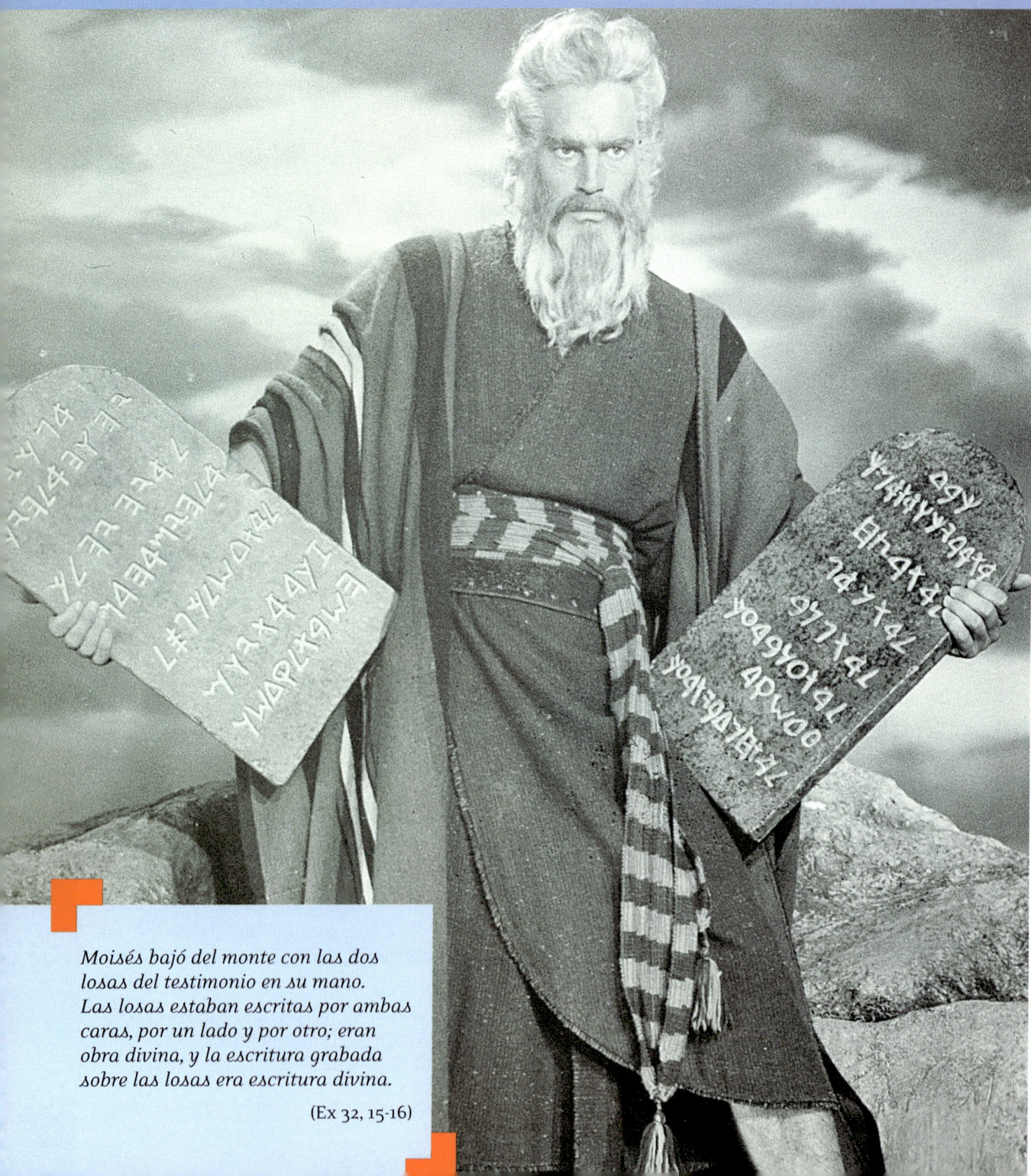

Moisés bajó del monte con las dos losas del testimonio en su mano. Las losas estaban escritas por ambas caras, por un lado y por otro; eran obra divina, y la escritura grabada sobre las losas era escritura divina.

(Ex 32, 15-16)

Las bodas de oro de mis abuelos

Era el último día de agosto y nos juntamos toda la familia en casa de mis abuelos. ¡Éramos más de treinta! Al final de la comida, mis abuelos nos abrieron su "tesoro": una abultada caja de cartón en donde había de todo.

Lo primero que nos enseñaron fueron las fotografías: fotos de sus padres, de sus hijos, las del día de su boda, las del bautizo de los nietos, las del verano que pasamos en la montaña... Nos las iban comentando, explicando. Todas aquellas imágenes se convertían así en recuerdos alegres o dolorosos de un momento de su vida.

Siguieron sacando sus tesoros: las cartas de amor que mi abuelo escribía a mi abuela cuando eran novios, el primer contrato de alquiler, las oraciones compuestas para algunos grandes momentos de su vida... ¡Cuántas cosas descubrimos aquel día releyendo su pasado!

Todas aquellas fotografías y objetos, sin apenas valor material, tenían un valor impagable. No eran simples objetos, sino toda una vida que se podía ver y tocar. Cada uno de esos objetos ocupaba un lugar importante en la vida de mis abuelos.

Analiza el texto y las imágenes

1. Después de leer el relato *Las bodas de oro de mis abuelos*, ¿crees que el nieto se enteró mejor de la vida de su familia? ¿Por qué?

2. Si tuvieras que resumir lo que ha sido tu vida a través de cinco objetos, ¿qué incluirías en tu "caja de tesoros"?

3. ¿En qué puede parecerse la Biblia a la caja de cartón de los abuelos?

4. Imagínate que encuentras a alguien que no conoce qué es la Biblia. ¿Cómo se la explicarías?

5. ¿Reconoces los personajes y episodios que aparecen en las imágenes de estas dos páginas? ¿Qué sabes de ellos?

José de RIBERA, *El sueño de Jacob.*

QUÉ BUSCAMOS	CÓMO LO HAREMOS
En la Biblia se narra la historia del pueblo de Israel como una historia de salvación que culmina con Jesús.	• Analizaremos qué es la Biblia y qué libros la conforman.
En este capítulo vamos a estudiar qué es la Biblia y, más concretamente, la parte de la Biblia que conocemos con el nombre de Antiguo Testamento.	• Conoceremos los lugares donde transcurren los acontecimientos que narra la Biblia.
	• Veremos qué narran y cuándo se escribieron los libros que componen el Antiguo Testamento.
	• Finalmente nos fijaremos en algunos géneros literarios para comprender mejor los textos bíblicos.

▲ UNA BIBLIOTECA BIEN SURTIDA

ANTIGUO TESTAMENTO

PENTATEUCO

Gn	Ex	Lv	Nm	Dt
Génesis	Éxodo	Levítico	Números	Deuteronomio

HISTÓRICOS

Jos	Jue	1 Sm	2 Sm	1 Re	2 Re	1 Cr	2 Cr	Esd	Neh	1 Mac
Josué	Jueces	1 Samuel	2 Samuel	1 Reyes	2 Reyes	1 Crónicas	2 Crónicas	Esdras	Nehemías	1 Macabeos

DIDÁCTICOS

Rut	Tob	Jdt	Est
Rut	Tobías	Judit	Ester

POÉTICOS

Sal	Cant	Lam
Salmos	Cantar (de los Cantares)	Lamentaciones

PROFÉTICOS

Is	Jr	Bar	Ez	Dn	Os	Jl	Am	Jon	Ab	Miq	Nah	Hab	Sof	Ag	Zac	Mal
Isaías	Jeremías	Baruc	Ezequiel	Daniel	Oseas	Joel	Amós	Jonás	Abdías	Miqueas	Nahum	Habacuc	Sofonías	Ageo	Zacarías	Malaquías

SAPIENCIALES

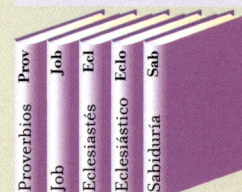

Prov	Job	Ecl	Eclo	Sab
Proverbios	Job	Eclesiastés	Eclesiástico	Sabiduría

NUEVO TESTAMENTO

EVANGELIOS Y HECHOS

Mt	Mc	Lc	Jn	Hch
Mateo	Marcos	Lucas	Juan	Hechos de los Apóstoles

CARTAS DE PABLO

Rom	1 Cor	2 Cor	Gál	Ef	Flp	Col	1 Tes	2 Tes	1 Tim	2 Tim	Tit	Flm	Heb
Romanos	1 Corintios	2 Corintios	Gálatas	Efesios	Filipenses	Colosenses	1 Tesalonicenses	2 Tesalonicenses	1 Timoteo	2 Timoteo	Tito	Filemón	Hebreos

CARTAS CATÓLICAS Y APOCALIPSIS

Sant	1 Pe	2 Pe	1 Jn	2 Jn	3 Jn	Jds	Ap
Santiago	1 Pedro	2 Pedro	1 Juan	2 Juan	3 Juan	Judas	Apocalipsis

A partir del dibujo de la estantería con los libros de la Biblia, rellena las casillas que están en blanco en la siguiente tabla:

Libro bíblico	Abreviatura	Tipo de libro	Testamento
Zacarías	Zac	Profético	Antiguo
	Jon		
Primer libro de los Macabeos			
Colosenses			
	Nm		
Deuteronomio			
	Heb		
	Flp		
Segundo libro de las Crónicas			
	Neh		

Una biblioteca en varios idiomas

La palabra *biblia* viene del griego. Es un plural que significa *libros*. La Biblia, más que un libro, es una auténtica biblioteca que contiene libros diversos. En concreto, 73: libros de historia, oraciones, poemas, leyes, narraciones, cartas...

Originalmente, estos libros fueron escritos en dos idiomas: el hebreo y el griego (aunque también hay fragmentos en arameo).

Todas las biblias que manejamos hoy son traducción. Por eso se pueden encontrar algunas diferencias entre ellas, porque cada una puede matizar de forma distinta el texto original hebreo o griego.

Dos grandes bloques

La Biblia está dividida en dos partes:

- La primera se conoce como Antiguo Testamento. Consta de 46 libros y recoge la historia del pueblo de Israel desde sus orígenes hasta una época cercana a Jesús.

- La segunda se llama Nuevo Testamento. Consta de 27 libros, que incluyen: los cuatro evangelios, los Hechos de los Apóstoles, las cartas de algunos apóstoles (sobre todo, de san Pablo) y el Apocalipsis. En general, el Nuevo Testamento narra la vida y el mensaje de Jesús y el nacimiento de la Iglesia.

Un libro religioso

Lo más importante de la Biblia es el mensaje religioso que transmite; por eso no se debe considerar a la Biblia como un libro de historia o un libro científico sin más. La intención de sus autores era muy diferente: ellos quisieron escribir y transmitir un mensaje religioso.

Para los creyentes, la Biblia es, sobre todo, Palabra de Dios. Por eso, también se la llama Sagrada Escritura. En ella encontramos mensajes para nuestra propia vida, como, por ejemplo, para qué vivimos, cómo hay que actuar, qué hay después de la muerte, etc.

El pueblo de Israel y la primitiva comunidad cristiana disponían de otros libros que no fueron considerados como inspirados por Dios. Por eso no entraron en el canon de la Sagrada Escritura, es decir, en la lista de libros que son Palabra de Dios.

La Biblia, más que un libro, es una auténtica biblioteca que contiene 73 escritos diferentes.

Buena parte de los libros de la Biblia fueron escritos en hebreo.

El Creciente Fértil.

Ruta del Éxodo.

Los nombres de la tierra

Las tierras donde se asentaron Abrahán y sus descendientes han recibido diferentes nombres a lo largo de la historia:

- *Tierra de Canaán.* Nombre que aparece en la documentación más antigua que poseemos. Puede significar "tierra baja" o "tierra de mercaderes".

- *Tierra de Israel.* Por el nombre que recibirá el patriarca Jacob y sus descendientes.

- *Palestina.* Nombre usado por los asirios y generalizado en la época romana.

- *Judea.* De la antigua tribu de Judá. Nombre usado en tiempos del rey Herodes.

El pueblo de Israel peregrinó durante siglos por todo el Creciente Fértil hasta asentarse en la tierra de Canaán.

1. Observa el primer mapa y localiza en él los siguientes lugares: Ur, Babilonia, Mari, Harán, Damasco y Jerusalén.

2. Lee este relato bíblico que arranca con la salida de Abrahán de la ciudad de Ur y termina con su instalación en Mambré: *Gn 11, 31 - 13, 18* (ten en cuenta que el nombre primero de Abrahán era Abrán).

3. Pasados los años, los descendientes de Abrahán se instalaron en Egipto, donde fueron sometidos a esclavitud. Una de las experiencias más importantes que vivió el pueblo de Israel fue la salida de Egipto y su peregrinar por la península del Sinaí hasta llegar a la tierra prometida, la tierra de Canaán.

   – Lee los siguientes textos bíblicos y, a la vez, localiza en el segundo mapa los lugares que se citan en los textos:

   Ex 1, 6-14; 12, 29-41; 13, 17-22; 14, 1-31; 19, 1-9.

   – ¿Cuáles son los acontecimientos más importantes que suceden durante esta primera parte del éxodo?

Desierto de Madián, con el monte Sinaí al fondo.

🌈 El Creciente Fértil

La cuna de nuestra civilización se sitúa en un territorio comprendido entre grandes ríos: por un lado, el Nilo, en Egipto; y, por otro, el Tigris y el Éufrates, en Mesopotamia. Esta zona se denomina la Media Luna Fértil o, también, Creciente Fértil.

Dentro de este escenario existe una franja de tierra que a lo largo de los siglos ha recibido diversos nombres: Tierra de Canaán, Israel, Palestina, Judea.

Se trata de una zona de clima templado y suelo fértil, rodeada de zonas áridas y desiertos. Por sus caminos han transitado pueblos africanos que se dirigían a Asia y pueblos asiáticos que emigraban a África. Desde la antigüedad ha sido un lugar de encuentro e intercambio de ideas y mercancías; pero, también, un lugar de enfrentamientos, debido principalmente al choque de culturas.

🌈 Desde Ur a Canaán, pasando por Egipto

Según la narración bíblica, la historia del pueblo hebreo comenzó con Abrahán, quien a comienzos del segundo milenio antes de Cristo emigró desde Ur, en el sur de Mesopotamia, hasta Canaán, a orillas del Mediterráneo, donde se asentó, después de un rápido viaje a Egipto.

El modo de vida de Abrahán y su grupo era el de los nómadas, de estructura patriarcal y economía pastoril, similar a otros pueblos. No obstante, se distinguían en lo religioso, ya que, a diferencia de los otros pueblos, adoraban a un único Dios.

Algunos descendientes de Abrahán se trasladaron a Egipto, donde, pasado el tiempo, cayeron en la esclavitud. Moisés, uno de los suyos, los liberó, los sacó de Egipto y los condujo a través del desierto hasta la tierra de Canaán, la tierra prometida. Allí se asentaron definitivamente.

UNA HISTORIA EN DIEZ ETAPAS

La Biblia es la historia de un encuentro entre Dios y su pueblo. En su historia, el pueblo de Israel va descubriendo que Dios le acompaña y le guía.

1. Analiza la historia del pueblo de Israel. ¿En cuántos países se desarrolla esta historia? ¿Bajo qué imperios vivieron sometidos? ¿Cuáles fueron las épocas de mayor paz y prosperidad?

2000 a 1400	ÉPOCA PATRIARCAL: Es una época poco conocida. Diversas tribus nómadas emigran desde Mesopotamia a Canaán. Eran pastores, agrupados en clanes al mando de un jefe o patriarca, que buscan pastos para sus rebaños. Dan culto a Dios en lugares de paso.
1400 a 1200	ÉXODO: Los hebreos se trasladan a Egipto. La libertad de la que habían gozado se convierte ahora en esclavitud. Aprovechando algún momento de crisis de ese país, vuelven hacia Canaán, tras cruzar el mar Rojo y peregrinar por el desierto.
1200 a 1100	ÉPOCA DE LOS JUECES: Lento proceso de asentamiento en Canaán, al final del cual se establecerá una confederación de doce tribus. Estas, al mando de caudillos o jueces, se unirán ocasionalmente para celebrar algunas fiestas religiosas o defenderse en caso de guerra (por ejemplo, contra los filisteos).
1100 a 932	MONARQUÍA: Para unir a todas las tribus surgen los reyes. Jerusalén se convierte en capital del reino. Es un período de paz y prosperidad económica. Pero también empiezan a surgir serios problemas, como la injusticia social por el afán de acaparar tierras.
932 a 586	DIVISIÓN del país en dos reinos: Israel, al norte, con capital en Samaría, y Judá, al sur, con capital en Jerusalén. Al estar divididos, los reinos comienzan a debilitarse políticamente. El año 721 el reino de Israel caerá en manos de los asirios; el año 586 el reino de Judá cae en manos de los babilonios.
586 a 539	EXILIO: Nabucodonosor, rey de Babilonia, después de conquistar Jerusalén deporta a los judíos más influyentes a Babilonia. Así, pierden los tres pilares que los identifican como nación: el rey, la tierra y el templo.
539 a 333	ÉPOCA PERSA: Ciro, rey de Persia, conquista Babilonia y deja que los deportados judíos puedan regresar a su tierra. Comienza una lenta reconstrucción política y económica del país, convertido en una provincia del imperio persa.
333 a 63	ÉPOCA GRIEGA: El imperio persa cae en manos de Alejandro Magno. A su muerte, el territorio queda dividido entre sus generales. Sus sucesores intentaron imponer la religión y las costumbres griegas a los judíos. Se produce la revuelta de los Macabeos.
63...	ÉPOCA ROMANA: El general Pompeyo conquista Palestina. El país se convierte en provincia romana: unas veces gobernada mediante reyes vasallos de Roma, otras directamente por gobernadores romanos.
1 a 30	JESÚS DE NAZARET vive y predica en Galilea. Rodeado de un grupo de discípulos, revelará a los hombres, con sus palabras y sus actos, la cercanía del Reino de Dios. Acusado por los responsables religiosos, es condenado a la cruz en torno al año 30 de nuestra era.

2. Relaciona estas viñetas con la época histórica correspondiente.

BALADA DEL DESTERRADO

"A ORILLAS DE LOS RÍOS DE BABILONIA ESTÁBAMOS SENTADOS Y LLORÁBAMOS AL ACORDARNOS DE SIÓN."

(AÑOS 586-539)

NANDO y DEMETRIO, *Historia de la salvación*. Madrid, Paulinas.

3. Sitúa a los siguientes personajes bíblicos en la época que les corresponda. Te servirán de ayuda las pistas que se ofrecen en cada uno de ellos.

Abrahán (era un pastor nómada)	**Pilato** (era un gobernador romano)
Nehemías (le tocó reconstruir)	**Pedro** (fue discípulo de Jesús)
David (fue rey en Jerusalén)	**Jeremías** (conoció a Nabucodonosor)
Moisés (cruzó el mar Rojo)	**Jacob** (fue nieto de Abrahán)
Sansón (luchó contra los filisteos)	**Josué** (se asentó en Canaán)

Una historia contada desde la fe

El Antiguo Testamento narra la historia mirándola desde la fe en Dios. Veamos cuál es el proceso que dio lugar a los diversos libros de la Biblia.

1. Se produce un acontecimiento histórico.

2. El pueblo reflexiona sobre este acontecimiento vivido. Así, da un significado religioso a lo que ocurrió: Dios nos ama y conduce la historia hacia la felicidad. El hecho histórico se narrará de una forma particular para hacernos ver esta relación tan estrecha entre Dios y su pueblo.

3. Esta reflexión se transmite oralmente de generación en generación.

4. Llega un momento en que estas tradiciones orales se ponen por escrito, formando los libros de la Biblia.

Dios se revela en la historia

La Biblia es la comunicación de esta profunda experiencia religiosa de encuentro con Dios. Por eso se dice que en esa historia se manifiesta la historia de la salvación, es decir, la historia de lo que Dios hizo para liberar y salvar a su pueblo. En esta historia, Dios aparece como:

● **Un Dios libertador**

El pueblo de Israel, a lo largo de su historia, va descubriendo poco a poco quién es su Dios. A través de los acontecimientos que le toca vivir, Dios se revela al pueblo principalmente como libertador.

● **Un Dios cercano**

Asimismo, el pueblo de Israel va experimentando la cercanía de Dios en diversos momentos. Primero, en la llamada de Abrahán; después, en la oferta de alianza que Dios le hace en el Sinaí; y, más tarde, en la predicación de algunos profetas que, en medio del exilio babilónico, le infunden esperanza y le anuncian que, a pesar de todo, Dios no se ha olvidado de él.

Es un Dios cercano que llama y que pide una respuesta por parte del pueblo.

● **Un Dios salvador**

Toda la historia del pueblo de Israel está marcada por una relación muy especial con su Dios. En ella hay momentos de fidelidad y momentos de infidelidad, aunque Dios siempre vuelve a ofrecer su salvación por medio de sus enviados, es decir, por medio de aquellas personas que aceptan ser instrumento de Dios entre los hombres; entre estos se encuentran Abrahán, Moisés y David.

▲ M A N E R A S   D E   H A B L A R

Tres personas diferentes (un bombero, un vecino y un afectado) son testigos de un mismo hecho: el incendio de una vivienda.

– Cada personaje narra el hecho con un lenguaje determinado. Ponte en lugar de cada uno de ellos y completa la narración.

– ¿Qué intención crees que tiene cada uno al narrar de esa forma el hecho?

> A las 4:30 de la madrugada del 14 de septiembre se recibió en este parque de bomberos un aviso procedente...

> Me despertó el sonido de las sirenas. Me levanté y vi en el piso de enfrente un humo negro...

> Cuando vi cómo ardían todas mis cosas, me dieron ganas de llorar...

◉ Diversos géneros literarios

Hay diferentes formas de contar una misma cosa. No se cuenta igual una enfermedad al médico o a un amigo. Ni cuento un chiste de la misma forma que redacto una receta de cocina. Según lo que me propongo, escojo la "forma" o "género literario" para decirlo.

La Biblia también usa diversos géneros literarios, según la intención que tenían los diferentes autores. Conocer estos géneros literarios es muy importante para entender bien la Biblia. Veamos algunos de los más utilizados.

• Epopeya

Cuando un personaje es muy importante, su vida se rodea de episodios legendarios que contribuyen a destacar su fuerza, inteligencia, poder... Lo característico de la epopeya es la exageración, para dar a estos personajes la importancia que se merecen (ver *Jos 10, 12-15*).

CHAGALL, *Moisés recibe las tablas de la Ley* (Ex 19, 1 - 20, 21).

● Poesía

En el Antiguo Testamento abundan las poesías de todo tipo. Hay poemas religiosos en forma de oraciones, poemas para celebrar una victoria, para las bodas, la vendimia… Expresan, sobre todo, sentimientos. Libros enteros, como los Salmos o el Cantar de los Cantares, utilizan este género (ver *Sal 94, 1-6*).

● Profecía

En la Biblia aparecen numerosos profetas. El profeta habla en nombre de Dios para denunciar las injusticias o para dar esperanza en épocas difíciles. Utilizan oráculos (anuncios de algo que va a ocurrir) y acciones simbólicas (para hacer reflexionar a quienes les escuchan o les ven) (ver *Is 65, 16.19*).

● Narración didáctica

El autor inventa unos hechos y unos personajes para transmitir una enseñanza. A veces puede basarse en un acontecimiento o personaje real. Lo fundamental no es la verdad histórica, sino la enseñanza que se quiere transmitir. Historias como las de Tobías, Judit o Ester son narraciones noveladas (ver *Jdt 1, 1-4*).

● Relatos creacionales

¿De dónde viene el mundo? ¿Por qué existen las personas? ¿Por qué el sufrimiento y el mal? Los relatos sobre la creación intentan responder a estas preguntas bajo la forma de una historia que sucede al principio de los tiempos. Lo importante no es la historia en sí, sino lo que esta nos transmite sobre Dios y sobre el hombre. El libro del Génesis utiliza este tipo de relatos (ver *Gn 1, 1-9*).

● Relato histórico

Es un género muy abundante en el Antiguo Testamento. Normalmente se centra en un personaje importante por su significado religioso (Abrahán, Jacob, Moisés, David…). Al escuchar la historia de los antepasados, el pueblo de Israel toma conciencia de formar una única familia conducida por Dios hacia la salvación (ver *2 Sm 5, 1-5*).

CHAGALL, *La creación del hombre* (Gn 2, 4-25).

A C T I V I D A D E S

1 En el libro de Jonás se cuenta que a este profeta lo traga un gran pez por pretender alejarse de Dios y tres días después lo vomita.

– ¿Qué le dirías a una persona que piensa que esta historia es una tontería o una mentira porque esto no puede suceder?

2 Lee los siguientes textos bíblicos y observa cómo están escritos.

– Dejando aparte el contenido, ¿cuál crees que son sus principales diferencias?

Gn 2, 18-19.21-22	La creación de Adán y Eva
Cant 3, 1-4	Sueño con el amado
2 Re 18, 9-12	El rey Salmanasar conquista Samaría
Ez 11, 14-21	Oráculo de Ezequiel
Jue 16, 23-31	Hazañas de Sansón

No hay nada nuevo bajo el sol

«Si de algo se dice "Esto es nuevo", eso ya existió en los siglos que nos precedieron», dice el Eclesiastés. Muchas de las experiencias y sentimientos que se cuentan en la Biblia siguen vigentes hoy.

COBARDE ASESINATO DE UN JOVEN ECUATORIANO

BARCELONA. La escena en que se ve la muerte del joven está grabada gracias a una cámara de vigilancia del puerto. Las imágenes muestran cómo cuatro personas golpean brutalmente a una quinta. Se aprecia cómo la víctima maltrecha, el ciudadano ecuatoriano Wilson Pacheco, de veintiséis años, recibe una fuerte patada en la cabeza. Tras ese golpe final, y sin capacidad de reacción, otro agresor lo lanza a las oscuras aguas del puerto de Barcelona.

«El Señor se fijó en Abel y su ofrenda, más que en Caín y la suya. Entonces Caín se enfureció mucho y andaba cabizbajo. (...) Caín propuso a su hermano Abel que fueran al campo y, cuando estaban allí, se lanzó contra su hermano Abel y lo mató.»

(Gn 4, 2-8)

NO DEJEN MORIR DE HAMBRE A LOS HERMANOS

MANAGUA. En la homilía del domingo, Monseñor Romero afirmaba: «En la raíz del malestar de nuestro pueblo está, principalmente, la gran mentira de la injusticia social. Soy simplemente un pastor, el amigo de este pueblo que sabe de sus sufrimientos, de sus hambres, de sus angustias. Y, en nombre de sus voces, yo levanto la mía para decir: ¡No idolatren sus riquezas! ¡No las salven de manera que dejen morir de hambre a los demás! Compartan para ser felices».

«El ayuno que yo quiero es este: que abras las prisiones injustas, que desates las correas del yugo, que dejes libres a los oprimidos, que acabes con todas las tiranías, que compartas tu pan con el hambriento, que albergues a los pobres sin techo, que proporciones vestido al desnudo y que no te desentiendas de tus semejantes.»

(Is 58, 6-7)

Proverbios para el mundo de hoy

Feliz el que alcanza sabiduría, el que alcanza inteligencia, pues es más rentable que la plata, más provechosa que el oro.

(Prov 3, 13-14)

Un hijo sabio es la alegría del padre; un hijo necio es la tristeza de su madre.

(Prov 10, 1)

Hombre prudente recoge en verano; quien duerme en la siega quedará avergonzado.

(Prov 10, 5)

Respuesta amable calma el furor; palabra áspera excita la ira.

(Prov 15, 1)

Si encuentras miel, come solo lo necesario, no sea que, empachado, la vomites.

(Prov 25, 16)

El viento del norte trae la lluvia; la lengua murmuradora, un rostro airado.

(Prov 25, 23)

Dios cuida de nosotros

EN LA BIBLIA ESTÁN REFLEJADOS LOS SENTIMIENTOS MÁS PROFUNDOS DEL HOMBRE. EL CONOCIDO SALMO 23, QUE APARECE EN MUCHAS PELÍCULAS, ES UN BUEN EJEMPLO DE CONFIANZA EN DIOS:

El Señor es mi pastor,
nada me falta.

En prados de hierba fresca
me hace reposar,
me conduce junto
a aguas tranquilas,
y repone mis fuerzas.

Me guía por la senda del bien,
haciendo honor a su nombre.

Aunque pase
por un valle tenebroso,
ningún mal temeré:
porque tú estás conmigo; tu vara
y tu cayado me dan seguridad.

Me preparas un banquete
para envidia de mis adversarios,
perfumas con ungüento mi cabeza
y mi copa rebosa.

Tu amor y tu bondad me acompañan
todos los días de mi vida;
y habitaré en la casa del Señor
por días sin término.

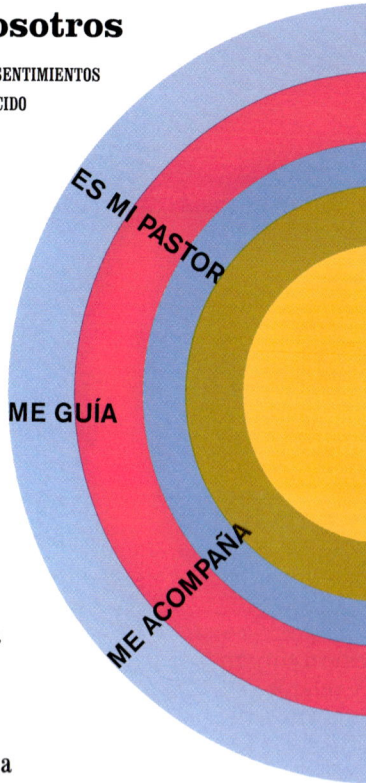

ES MI PASTOR

ME GUÍA

ME ACOMPAÑA

ANALIZA

1. En este dossier se han presentado noticias o situaciones que se parecen mucho a algunas que aparecen en la Biblia. ¿Sabrías tú encontrar otros paralelismos entre el Antiguo Testamento y la actualidad?

2. ¿Recuerdas algún refrán o proverbio parecido a los que aparecen en la página de la izquierda?

3. Describe y comenta las dos imágenes con las que se habla de Dios en el salmo 23 que tienes al lado. Fíjate en las acciones que se describen en él.

4. ¿Podrías citar otros cinco nombres bíblicos que conozcas? ¿Sabrías su significado?

Nombres bíblicos

En nuestra cultura existen muchos nombres de persona que proceden de la Biblia. He aquí algunos de ellos junto con su significado.

Ana. Significa "compasiva", "piedad". En la Biblia aparecen tres mujeres con ese nombre: la madre de Samuel *(1 Sm 1, 20)*, la esposa de Tobías *(Tob 1, 9)* y la mujer de Fanuel, que asistió a la presentación de Jesús en el templo *(Lc 2, 36-38)*.

Daniel. Significa "juicio de Dios" o "Dios juzga". Hay un libro con ese nombre incluido entre los libros proféticos.

Débora. Significa "abeja", y es el nombre de una jueza y profetisa de Israel *(Jue 4, 4)*.

Ester. Significa "estrella". En realidad es un nombre que procede del persa, que a su vez viene del nombre de una diosa asiria: Istar. Existe un libro bíblico con ese nombre.

Eva. Significa "vida", "vitalidad", "viviente". Es el que la Biblia da a la mujer que forma pareja con Adán.

Jonatán. Significa "Yahvé da". En la Biblia hay un Jonatán que es hijo del rey Saúl y amigo de David *(1 Sm 19, 1)*. También se llama así un hermano de Judas Macabeo *(1 Mac 9, 31)*.

Judit. Significa "la judía". Así se llama la protagonista de uno de los libros del Antiguo Testamento.

Miguel. Significa "¿Quién como Dios?", y es el nombre que recibe uno de los ángeles que aparecen en el libro de Daniel *(Dn 10, 13.21)*.

DIOS CAMINA CON SU PUEBLO

HISTORIA

Siglos XX·I a.C.

Acontecimientos históricos del pueblo de Israel

Libros inspirados por Dios con un mensaje religioso

REFLEXIÓN

El pueblo de Israel reflexiona sobre su historia a la luz de su fe en Dios

Escritos con diversos géneros literarios:
- historia
- mito
- poesía
- profecía…

TRADICIÓN ORAL

De esta reflexión surgen tradiciones y relatos transmitidos oralmente

PUESTA POR ESCRITO

Siglos VI·I a.C.

Los relatos transmitidos oralmente se plasman en libros

Contiene libros diversos:
- Pentateuco y libros históricos
- Libros proféticos
- Libros sapienciales
- Libros didácticos
- Libros poéticos

BIBLIA

Antiguo Testamento

Nuevo Testamento

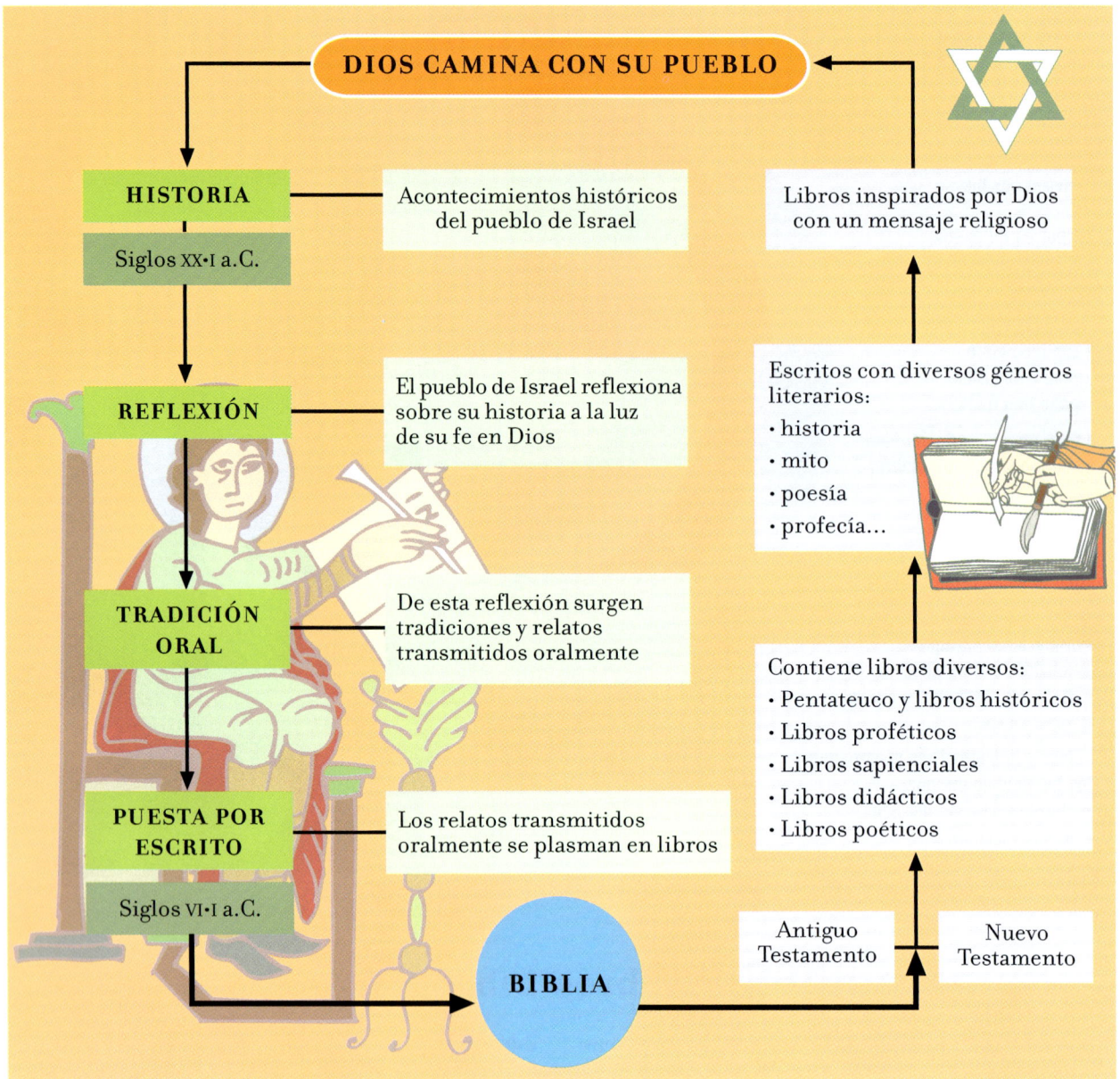

C O M P R U E B A   L O   Q U E   S A B E S

Lee los siguientes números del *Catecismo de la Iglesia Católica* y relaciónalos con lo que has visto en este tema.

- *Dios eligió a Abrahán y selló una alianza con él y su descendencia. De él formó a su pueblo, al que reveló su ley por medio de Moisés. Lo preparó por los profetas para acoger la salvación destinada a toda la humanidad* (n.º 72).

- *Dios ha inspirado a los autores humanos de los libros sagrados. «En la composición de los libros sagrados, Dios se valió de hombres elegidos, que usaban de todas sus facultades y talentos; de este modo, obrando Dios en ellos y por ellos, como verdaderos autores, pusieron por escrito todo y solo lo que Dios quería» (DV 11)* (n.º 106).

- *El Antiguo Testamento es una parte de la Sagrada Escritura de la que no se puede prescindir. Sus libros son libros divinamente inspirados y conservan un valor permanente (cf. DV 14), porque la Antigua Alianza no ha sido revocada* (n.º 121).

1. Comprueba cómo la historia del pueblo de Israel se va reflejando en los libros de la Biblia. Lee el salmo 137. Es una oración muy antigua de la que desconocemos su autor.

   – ¿A qué acontecimiento de la historia de Israel parece referirse? Explica algo que sepas de este momento.

   – ¿En qué situación se hallan los protagonistas del texto?

Junto a los ríos de Babilonia, nos sentábamos a llorar acordándonos de Sión; en los álamos de la orilla colgábamos nuestras cítaras.

Los que allí nos deportaron nos pedían canciones, y nuestros opresores, alegría: «¡Cantadnos una canción de Sión!».

¿Cómo cantar una canción al Señor en tierra extranjera?

Si me olvido de ti, Jerusalén, que se me seque la mano derecha; que se me pegue la lengua al paladar, si no me acuerdo de ti, si no te pongo, Jerusalén, en la cumbre de mi alegría.

(Sal 137, 1-6)

2. Ordena correctamente las letras de cada palabra para obtener nombres de libros del Antiguo Testamento y coloca cada palabra dentro del anagrama.

CURBA	_ A _ _ _
SISNEGE	_ _ N _ _ _ _ _
TUDIJ	_ _ _ _ T
ABADIS	_ _ _ I _ _
OGEA	_ G _ _
UJESEC	_ U _ _ _ _
BOJ	_ O _
RETES	_ _ T _ _
SASEO	_ _ E _ _
SEDARS	_ S _ _ _ _
BAOSIT	T _ _ _ _ _
SARIACAZ	_ _ _ A _ _ _ _
MALSOS	_ _ M _ _ _
LEJO	_ _ E _
HUMNA	N _ _ _ _
ROTENOMOIDEU	_ _ _ T _ _ _ _ _ _ _ _
XODEO	_ _ O _ _

3. Fíjate en la viñeta de Quino.

   – ¿A qué episodio narrado en la Biblia se refiere? ¿Qué sabes de él? ¿En qué libro se cuenta?

   – ¿A qué género literario pertenece esta narración? ¿Crees que describe un hecho histórico?

QUINO, *Esto no es todo*. Barcelona, Lumen.

EN LA RED

Hay muchas páginas en la Red que están relacionadas con la Biblia.

www.artehistoria.com

Es una web de arte de todos los tiempos. Entra en la Capilla Sixtina y busca los frescos de Miguel Ángel que describen estas escenas: creación del mundo, creación del hombre, expulsión del paraíso, el diluvio universal y Moisés. Puedes leer también la explicación de cada fresco.

www.lacasadelabiblia.es

En esta página de La Casa de la Biblia puedes encontrar varios pasatiempos "bíblicos": crucigramas, jeroglíficos…

4

La Biblia: Nuevo Testamento

Los evangelios son los libros más conocidos de la Biblia. En ellos encontramos los episodios más significativos de la vida y el mensaje de Jesús. Pero los evangelios son mucho más que una colección de noticias sobre Jesús. Quienes los escribieron nos cuentan la profunda transformación que Jesús produjo en sus vidas.

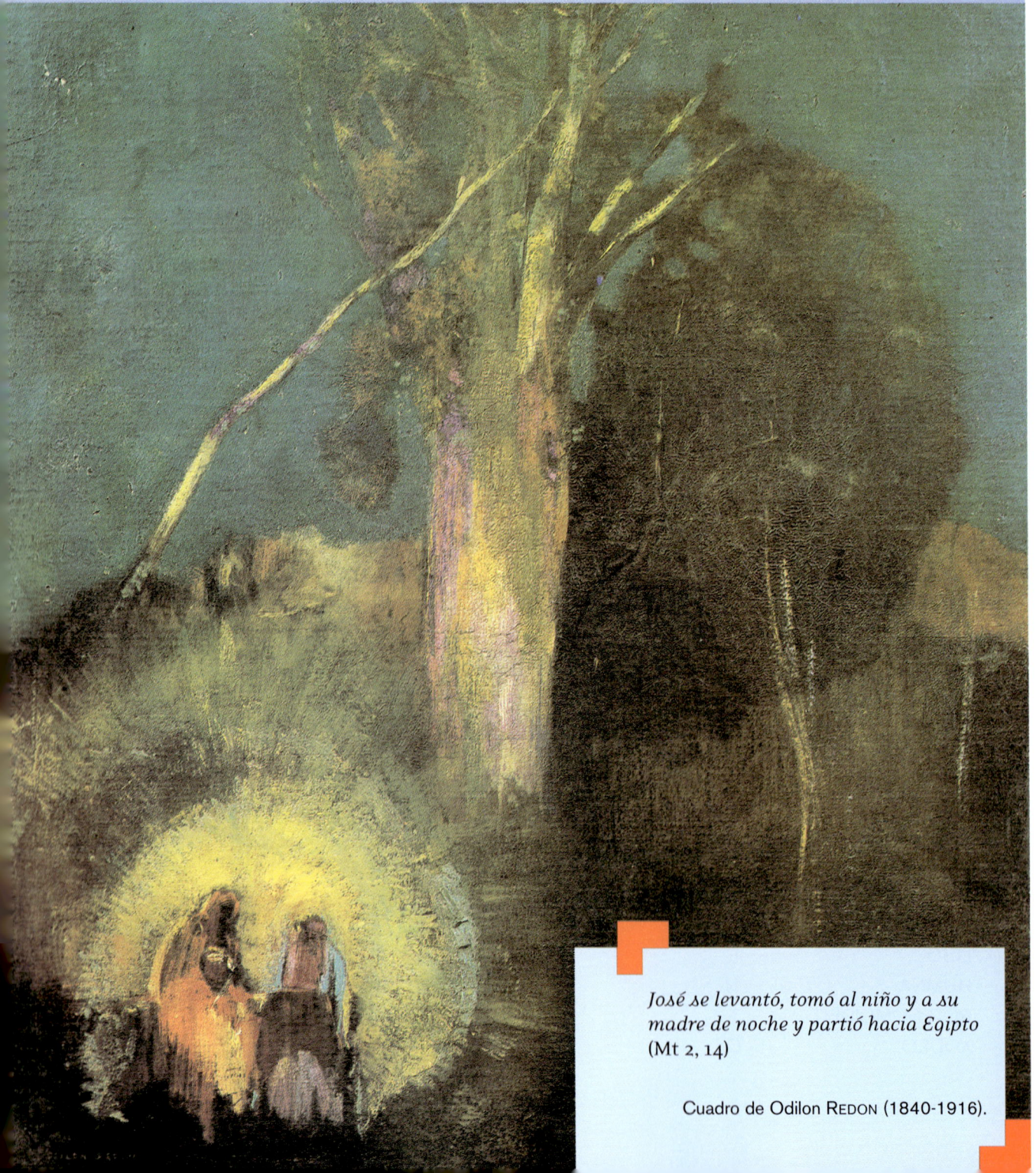

José se levantó, tomó al niño y a su madre de noche y partió hacia Egipto (Mt 2, 14)

Cuadro de Odilon REDON (1840-1916).

No tenemos fotos de Jesús

Todos hemos soñado alguna vez en tener fotos de Jesús y una grabación de sus palabras: tenemos la impresión de que entonces podríamos conocerlo de verdad. Pues bien, no tenemos más que textos compuestos por sus discípulos. Pero, por extraño que parezca, esto es una suerte para nosotros, porque si solo tuviéramos fotografías de Jesús, no podríamos saber nada de él.

Voy a vuestra casa y veo allí una foto de un hombre mirando a una mujer. Sé que aquello ha ocurrido, pero ¿qué puedo decir? ¡Nada! Vosotros me la explicáis: «Éramos entonces novios. La foto no acabó de salir bien. Pero mira qué felices nos sentíamos». Y mientras habláis, la foto se anima. Con la foto solo no habría sabido nada.

Esta es la suerte que tenemos con los evangelios. Creíamos que íbamos a encontrar allí fotos de Jesús. Y es algo mucho mejor: los que lo conocieron, sus discípulos, nos dicen quién era, cómo fueron descubriendo poco a poco su misterio, cómo cambió su vida. Un reportaje en directo sobre Jesús no nos diría gran cosa sobre él y nos lo presentaría desde fuera. El testimonio de los discípulos nos lo hace descubrir por dentro.

E. Charpentier: *Para leer el Nuevo Testamento.* Estella, Verbo Divino.

Analiza el texto y las imágenes

1. Una vez contemplado el cuadro de Odilon Redon y leído el texto que le acompaña, ¿sabrías explicar de qué hecho se trata y dónde se narra?

2. ¿Sabes cuántos son y de qué tratan los evangelios? ¿Conoces quiénes y por qué los escribieron?

3. ¿Estás de acuerdo con lo que se dice en el texto *No tenemos fotos de Jesús*? ¿Por qué?

4. Observa las imágenes de esta página. La de arriba es del nacimiento del río Jordán. La del medio es del Muro de las Lamentaciones, en Jerusalén. La de abajo representa a san Pablo. ¿Qué sabes de estos lugares o personajes? ¿Conoces algún hecho relacionado con ellos?

QUÉ BUSCAMOS	CÓMO LO HAREMOS
En el capítulo anterior hemos estudiado el Antiguo Testamento. En este vamos a centrarnos en el Nuevo Testamento, y especialmente en los evangelios. De este modo comprenderemos cómo nos transmiten la vida y el mensaje de Jesús.	• Primero conoceremos cómo era el país y la sociedad del tiempo de Jesús. • Después nos centraremos en el estudio de los evangelios: qué son, cómo se formaron, quiénes los escribieron, cómo están escritos. • Finalmente nos fijaremos en los demás libros del Nuevo Testamento: Hechos de los Apóstoles, Cartas y Apocalipsis.

Mapa político de la cuenca del Mediterráneo.

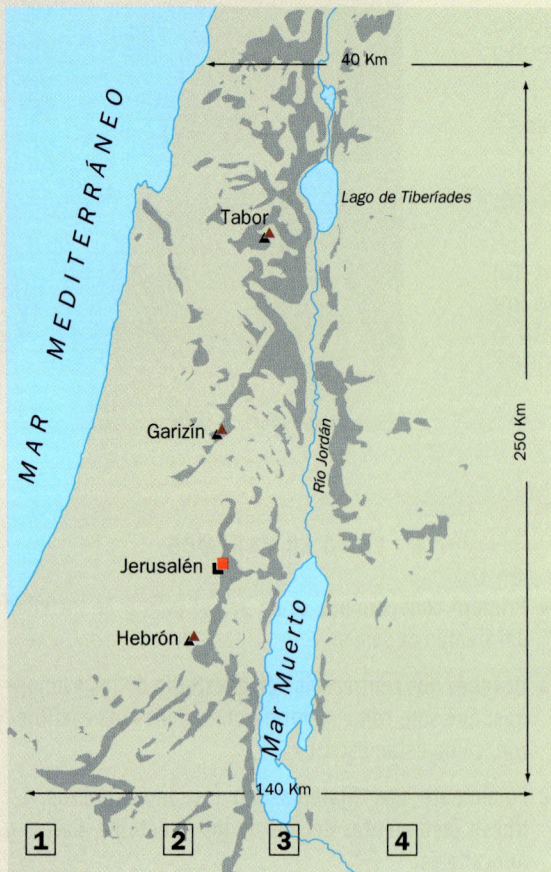

Mapa físico de Palestina.

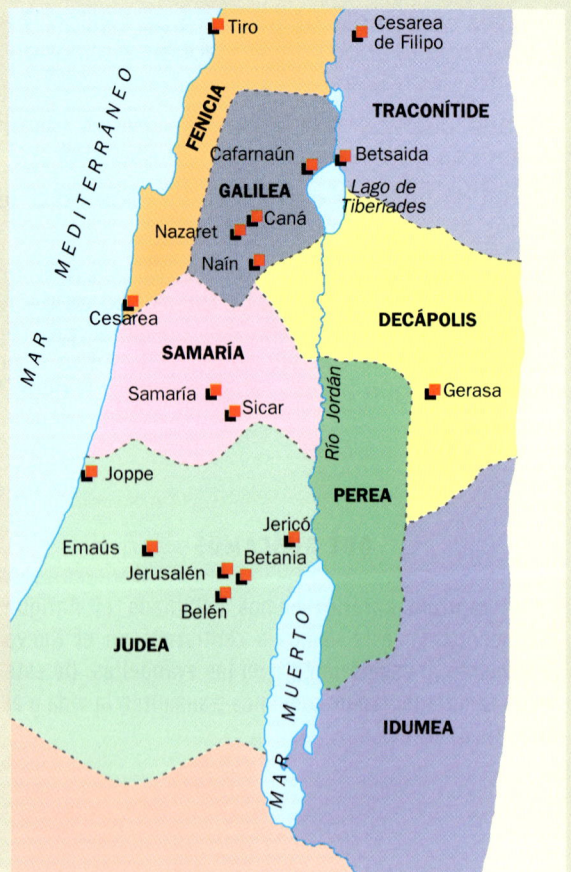

Mapa político de Palestina.

◤ RECORRÍA CIUDADES Y ALDEAS

1. Localiza en el primer mapa el país de Jesús. ¿Con qué nombre se denomina actualmente? ¿Sabrías explicar el problema que se vive hoy en esa zona del mundo?

2. Completa este cuadro y localiza en los mapas los lugares que se citan.

Cita bíblica	Hecho del que se trata	Lugar donde sucede
Mc 1, 9-11	Bautismo de Jesús	En el río Jordán
Mc 1, 16-17		
Mt 17, 1-2		(según la tradición, el Tabor)
Lc 1, 26-27		
Lc 2, 4-7		
Jn 11, 1-2		

3. ¿Sabrías diferenciar de qué Herodes se trata en cada uno de estos pasajes evangélicos? Si tienes dudas, contesta después de leer el texto de abajo.

Levántate, toma al niño y a su madre, huye a Egipto y quédate allí hasta que yo te avise; porque Herodes va a buscar al niño para matarlo *(Mt 2, 13)*

Herodes, secundado por sus soldados, lo despreció, se rió de él, le puso un vestido de color llamativo y se lo devolvió a Pilato *(Lc 23, 11)*

Un pequeño país del Mediterráneo

Palestina es una pequeña franja de tierra junto al Mediterráneo con una extensión de 25 000 km^2 (algo más pequeña que Galicia). Su clima y su paisaje son típicamente mediterráneos. Su agricultura es muy parecida a la del secano español: cereales en las llanuras, y vid y olivos en las tierras altas.

De oeste a este se pueden distinguir cuatro zonas diferenciadas: la franja costera (1), la zona montañosa (2), la depresión del Jordán, desde el lago de Tiberíades hasta el mar Muerto (3), y la meseta de Transjordania (4) (ver mapa físico).

Políticamente, en tiempos de Jesús estaba dividida en varias regiones diferentes (ver mapa político). Las más conocidas son:

- **Galilea**, al norte. Sus habitantes no son bien vistos por haberse fusionado con pueblos extranjeros;

- **Samaría**, en el centro. Sus habitantes no eran auténticamente judíos de religión;

- **Judea**, al sur. En esta región, la más extensa, se encuentran algunas de las ciudades más importantes: Jerusalén, Belén, Betania.

Una provincia del Imperio romano

En el año 63 a.C., Pompeyo conquista Jerusalén, y Palestina pasa a depender de Roma. Cuando nace Jesús, gobierna en Roma el emperador Octavio Augusto (del año 31 a.C al 14 d.C). Cuando Jesús muere, gobierna Tiberio (del 14 al 37 d.C).

En los territorios conquistados, Roma procura conservar las costumbres locales. Para ello se sirve de hombres fieles. El judío Herodes el Grande es uno de esos hombres. Fue puesto por el Senado romano como rey vasallo para toda Palestina. Gobernó desde el año 37 al 4 a.C.

Cuando muere Herodes, sus hijos se hacen cargo del gobierno, pero no como reyes sino como gobernadores.

- Arquelao heredó Judea y Samaría. El año 6 d.C. fue depuesto y, en su lugar, Roma nombra un procurador romano. El quinto de ellos fue Poncio Pilato, que gobernó desde el año 26 al 37.

- Herodes Antipas gobernó Galilea y Perea hasta el año 39. En el momento de la pasión de Jesús, se encontraba en Jerusalén.

◣ O R G A N I Z A C I Ó N   S O C I A L

La sociedad del tiempo de Jesús estaba fuertemente estructurada. Había numerosas clases sociales que tenían una función específica.

1. Dibuja una pirámide y ve colocando en ella, de forma jerárquica, las distintas clases sociales.

Clases dirigentes

- El *sumo sacerdote* era el responsable máximo del templo y presidente del sanedrín (la institución más importante de los judíos, una especie de parlamento con poder legislativo, ejecutivo y judicial).

- Los *saduceos* pertenecían a la clase alta de la sociedad. Políticamente colaboraban con los romanos y en lo religioso eran muy conservadores.

Grupos sociales

- Los *sacerdotes* se encargaban de atender el templo. Eran pobres y vivían de las ofrendas y de oficios que se buscaban por su cuenta.

- Los *escribas* explicaban la ley en función de los nuevos problemas que se planteaban.

- Los *fariseos* conocían bien la ley y la cumplían a rajatabla. Rechazaban a quienes no la cumplían y ejercían una gran influencia en el pueblo.

- Los *zelotas* eran un movimiento extremista y armado. Organizaban revueltas aprovechando las aglomeraciones. Entre los seguidores de Jesús había antiguos zelotas, como Simón el Zelota o Judas Iscariote.

- Los *esenios* eran judíos que se habían refugiado en el desierto buscando la pureza de su fe porque consideraban que el culto y el sacerdocio de Jerusalén estaban corrompidos.

El pueblo llano

Era la gran masa del país. Estaba compuesta fundamentalmente por campesinos, pastores, jornaleros y todos aquellos cuyos oficios eran considerados impuros, como los curtidores o carniceros. Había grupos especialmente marginados, entre los que se encontraban las mujeres, los enfermos, minusválidos y todos aquellos que no eran judíos.

- La *mujer* no tenía los mismos derechos civiles y religiosos que el hombre. Dependía del padre hasta que se desposaba (normalmente, en torno a los doce años) y después dependía totalmente del marido. Este podía divorciarse; la mujer, no.

- Los *enfermos*, sobre todo los de la piel (que eran tenidos por leprosos) y los de afecciones mentales (considerados posesos).

2. Jesús tuvo relación con diversos grupos sociales de su tiempo. ¿Cómo fue esa relación? ¿Cómo se comportaron con Jesús?

- Lee las citas bíblicas, escribe el grupo social del que se trata y añade la conclusión.

Cita bíblica	Grupo social	Conclusión
Mt 8, 1-4	Al grupo de los enfermos.	Jesús los atiende.
Mt 26, 1-4		
Lc 6, 15		
Lc 7, 34		
Lc 7, 36-49		
Jn 3, 1-3		

El pueblo de Israel, al que pertenecía Jesús, era profundamente religioso. Es importante conocer cómo era y cómo vivía ese pueblo la religión.

1. A partir del siguiente documento, elabora un breve informe en el que se recoja en qué creía un judío contemporáneo de Jesús.

Los judíos del tiempo de Jesús creían:

– En la existencia de un único Dios, vivo y personal, santo e inaccesible, pero también cercano a sus criaturas.

– Que Israel era el pueblo de Dios porque el Señor había hecho alianza con él después de liberarlo de la esclavitud en Egipto.

– Que el Dios de Israel había revelado su voluntad al pueblo en la ley. Esta unía a los judíos entre sí.

2. Además de estas creencias, los judíos tenían una serie de ritos y celebraciones con los que cumplir. Copia este esquema y añade en cada casilla nuevos datos.

¿Qué ha de hacer un judío para con su Dios?				
Celebrar las fiestas	Cumplir la ley	Dar culto en el templo	Acudir a la sinagoga	Respetar el sábado
La fiesta de la Pascua…				

Fiestas

Las tres fiestas más importantes de los judíos eran:

– La fiesta de *Pascua,* sobre la liberación del éxodo. Miles de peregrinos acuden a Jerusalén. La tarde del 14 del mes de nisán se inmolan en el templo los corderos que come la familia.

– La fiesta de *Pentecostés,* cincuenta días más tarde, era la fiesta de la cosecha. Después pasó a ser la fiesta de la alianza.

– La fiesta de las *Tiendas,* en la que se recuerda la estancia del pueblo en el desierto. Cada familia hace una choza en los alrededores de la ciudad.

La ley

La ley, dada por Dios a Moisés en el Sinaí, debía ser explicada y adaptada a las circunstancias cambiantes de la vida.

El templo

El templo de Jerusalén significaba la presencia permanente del Señor en medio de su pueblo.

La sinagoga

Es el edificio donde se reúne la comunidad. El culto en la sinagoga comprende una lectura de la ley seguida por una homilía.

El sábado

El sábado es, con la circuncisión, la práctica más sagrada. Es un día de descanso estricto para permitir a las personas alabar a Dios.

¿QUÉ SON LOS EVANGELIOS?

Los evangelios son escritos elaborados por los seguidores de Jesús. *Evangelio* es una palabra griega. Significa "buena noticia".

1. Fíjate en estos dos textos. El primero es el comienzo del evangelio de Marcos. Sustituye la palabra *evangelio* por *buena noticia*. ¿Quién es la buena noticia?

   El segundo es del evangelio de Juan. ¿Cuál es la intención que tiene el autor al narrarnos los hechos de la vida de Jesús?

   - Comienzo del evangelio de Jesucristo, Hijo de Dios. Está escrito en el profeta Isaías: «Yo envío mi mensajero delante de ti, para que te prepare el camino» *(Mc 1, 1-2)*

   - Jesús hizo en presencia de sus discípulos muchos más signos de los que han sido recogidos en este libro. Estos han sido narrados para que creáis que Jesús es el Mesías, el Hijo de Dios, y para que, creyendo, tengáis vida eterna en él *(Jn 20, 30-31)*

2. Este texto lo recogió Eusebio, obispo e historiador de comienzos del siglo IV. Habla de Marcos, uno de los cuatro evangelistas. ¿Cómo pudo escribir Marcos sobre Jesús si él no fue testigo directo de su vida?

   Marcos, intérprete de Pedro, escribió con diligencia las cosas que recordaba, pero no por el orden con que fueron dichas y hechas por el Señor. Él no había oído al Señor ni le había seguido, sino que más tarde, como dije, estuvo con Pedro, quien predicaba el evangelio según las exigencias de sus oyentes, sin propósito de referir por orden los dichos y los hechos de Jesús.

3. Estos dos textos narran la experiencia de una persona que ha sido curada por un médico. ¿Crees que un texto es más objetivo que otro a la hora de narrar el hecho? ¿Cuál de los dos textos te parece que refleja más admiración por el médico? ¿Por qué?

   - Se acercó a donde yo estaba. Cogió mi cabeza entre sus manos y miró mi herida. Después sacó del maletín un desinfectante y me lavó la parte dañada. Finalmente me puso una venda y me dijo que tuviera cuidado de no quitármela.

   - Su aspecto me daba confianza. Al poner sus manos sobre mi cabeza me sentí aliviado. Estaba seguro de que él me curaría. Conocía su preparación y lo que había hecho con otras personas. Es un médico excelente. Si necesitas de su ayuda no lo dudes. Él te curará.

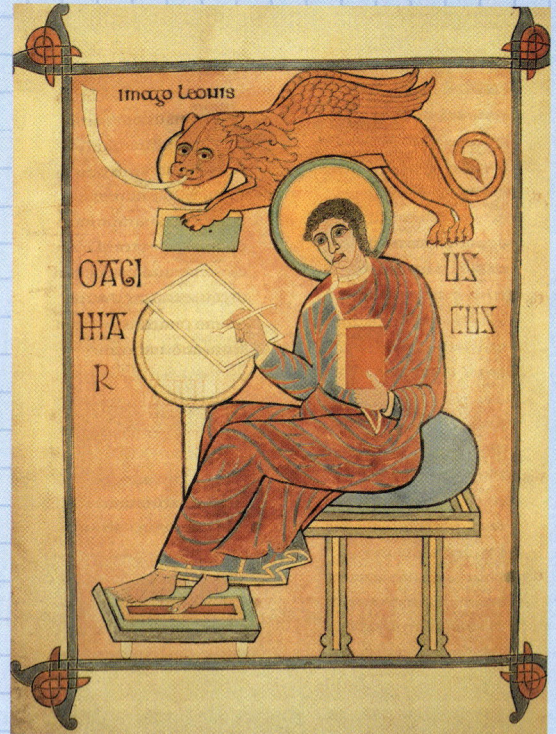

¿Qué significa la palabra *evangelio*?

La palabra *evangelio* es de origen griego. Significa "buena noticia", "noticia que causa felicidad". ¿Cuál es esa buena noticia? Para los primeros cristianos esa buena noticia es Jesucristo: su vida, su mensaje, su salvación. Todo eso es una buena noticia. Es el evangelio de Cristo.

Los evangelios no son biografías de Jesús

Los evangelios no son biografías de Jesús, aunque en ellos encontremos hechos y acontecimientos de su vida. En la vida de Jesús no hubo un cronista que fuera siguiendo paso a paso a Jesús y apuntara todo lo que él hacía y decía.

Los evangelios no son escritos redactados por biógrafos interesados en recoger con precisión las palabras y los hechos de Jesús tal como sucedieron históricamente. Se trata más bien de testimonios de fe de personas que han creído en Jesús resucitado y que pretenden, de diversas maneras, anunciar a Jesucristo y proclamar la salvación.

La intención de los evangelistas al escribir los evangelios fue:

– Dar a conocer lo más significativo de la vida y el mensaje de Jesús.

– Dar testimonio de su fe en Jesús como Salvador e Hijo de Dios.

– Invitar a otros muchos a que creyeran en Jesús.

La intención de los evangelistas fue dar a conocer a Jesús y dar testimonio de su fe en él.

El proceso de formación de los evangelios

Los evangelios se escribieron a través de un largo proceso que duró muchos años y en el que intervinieron muchas personas. En el siguiente cuadro te presentamos este proceso dividido en cuatro etapas:

	Vida de Jesús (1 al 30)	Hacia los años 27-28, Jesús de Nazaret escoge algunos discípulos y proclama la venida del Reino de Dios. Condenado por los responsables religiosos, fue crucificado por los romanos hacia el año 30. A los tres días resucita.
	Transmisión oral (30 al 50)	La resurrección de Jesús y la venida del Espíritu Santo el día de Pentecostés hacen comprender a los discípulos que Jesús es el Hijo de Dios, el Salvador. Narran su experiencia vivida con Jesús. En torno a ellos van surgiendo pequeñas comunidades de cristianos.
	Se escriben algunos textos (50 al 70)	Estas comunidades recurren a las palabras de Jesús para resolver todas las cuestiones que les plantea su vida y para mantener viva su fe. Poco a poco estos recuerdos se ponen por escrito agrupados en colecciones. Los utilizan fundamentalmente para la predicación, la celebración de la eucaristía y la catequesis de los nuevos bautizados.
	Redacción de los evangelios (70 al 100)	Cuatro evangelistas recogen las tradiciones orales y los escritos y, en un lento trabajo de composición, escriben los evangelios. Lo hacen en fechas y lugares diferentes. Al escribir tienen en cuenta los problemas y necesidades de las comunidades a las que se dirigen.

CUATRO MIRADAS SOBRE JESÚS

Copia en grande el cuadro que tienes más abajo y, con toda la información incluida en este documento, trata de completar lo más posible ese cuadro.

Evangelio de Mateo

La tradición atribuye la autoría de este evangelio a Mateo, uno de los Doce elegidos por Jesús *(Mt 9, 9)*. Su autor es un cristiano de origen judío que conocía bien el ambiente social de Palestina y las Escrituras.

Este evangelio se escribió hacia el año 85, quizá en Antioquía, para los judíos cristianos de esa ciudad. Enfrentados con el judaísmo oficial, el evangelista les muestra que son ellos el verdadero Pueblo de Dios anunciado en el Antiguo Testamento. Ataca con firmeza a los fariseos y muestra cómo en Jesús se cumplen las Escrituras. Él es el Salvador anunciado por los profetas. Su símbolo es el hombre.

Evangelio de Marcos

El autor parece ser el joven que se cita en los Hechos de los Apóstoles *(Hch 12, 12)* que acompaña a Pablo en su primer viaje. La tradición lo presenta como compañero e intérprete de Pedro en Roma.

El evangelio de Marcos fue escrito hacia el año 70 en Roma, para una comunidad de cristianos no judíos amenazada por la persecución. Con un lenguaje sencillo, intenta hacernos ver que Jesús es el Hijo de Dios a través de sus milagros, su forma de actuar, su autoridad *(Mc 15, 39)*. Su símbolo es el león.

Evangelio de Lucas

Se reconoce en él al «médico querido» *(Col 4, 14)* que acompañó a Pablo en Mileto y Roma. Posiblemente es griego, y muestra una gran cultura.

Este evangelio fue escrito en griego hacia el año 85 para paganos convertidos al cristianismo que conocen mal las Escrituras y las costumbres judías. El evangelista se preocupa por enseñárselas. Muestra cómo en Jesús, Dios visita a su pueblo y viene a manifestarle su amor. Es el que más insiste en la bondad de Jesús, su perdón y misericordia. Es muy duro con los ricos. Su símbolo es el toro.

Evangelio de Juan

En su fuente parece estar Juan, el «discípulo amado» de Jesús. Pero desconocemos al autor material del evangelio.

El texto se escribió entre el 95 y el 100, probablemente por un grupo de discípulos que meditaban las enseñanzas de Juan. Sus destinatarios pudieran ser cristianos judíos y no judíos de la ciudad de Éfeso. Nos muestra a Jesús como un retrato de Dios: Dios «se ha hecho carne» en Jesús. Usa un lenguaje muy simbólico para decirnos quién es Jesús: el pan de vida, el buen pastor. Su símbolo es el águila.

Evangelista	Características del autor	Fecha de composición	Destinatarios	Cómo presenta a Jesús	Símbolo que le representa
Mateo					
Marcos					
Lucas					
Juan					

Hay tres evangelios que son muy similares entre sí, de tal manera que parecen copiarse unos a otros.

Lee estas tres versiones de un mismo relato: la curación de la suegra de Pedro.

– Marca con un color aquellas palabras o expresiones comunes que tienen los tres relatos.
– ¿Qué más añade cada relato a esa información común de los tres?
– Busca estas citas: *Mt, 26, 26; Mc 14, 22; Lc 22, 19,* y procede de la misma manera.

Curación de la suegra de Pedro		
Al llegar Jesús a la casa de Pedro, encontró a la suegra de este acostada con fiebre. Jesús tomó su mano y la fiebre desapareció. Ella se levantó y se puso a servirle *(Mt 8, 14-15)*	Al salir de la sinagoga, Jesús se fue inmediatamente a casa de Simón y de Andrés, con Santiago y Juan. La suegra de Simón estaba en cama con fiebre. Le hablaron enseguida de ella, y él se acercó, la cogió de la mano y la levantó. La fiebre le desapareció y se puso a servirles *(Mc 1, 29-31)*	Salió de la sinagoga y entró en casa de Simón. La suegra de Simón tenía mucha fiebre, y le rogaron que la curase. Entonces Jesús, inclinándose sobre ella, increpó a la fiebre, y la calentura desapareció. La mujer se levantó inmediatamente y se puso a servirles *(Lc 4, 38-39)*

Los evangelios sinópticos

Tres de los cuatro evangelios son muy parecidos en su organización y contenido. Estos tres evangelios son Mateo, Marcos y Lucas. Se los llama *evangelios sinópticos*. Podríamos poner los textos en paralelo y compararlos (la palabra griega *synopsis* significa "ver de una sola ojeada").

En cuanto a la estructura y organización de los contenidos vemos que en los tres evangelios aparece al comienzo la figura de Juan el Bautista. En los tres, Jesús comienza su vida pública en Galilea. Estos tres evangelistas nos hablan de un único viaje de Jesús a Jerusalén, mientras que Juan nos habla de al menos tres.

¿A qué se debe este parecido? Simplificando mucho, se puede decir que Marcos, el evangelio más antiguo, tuvo acceso a una colección de textos que narraban, sobre todo, hechos de Jesús. Mateo y Lucas utilizaron el evangelio de Marcos.

Por su parte, Mateo y Lucas "bebieron" de otra fuente con palabras y discursos de Jesús (se la llama *fuente Q*). Usaron además otra fuente que es la que proporciona el material propio de cada uno de ellos.

Puedes verlo reflejado en el esquema de la derecha.

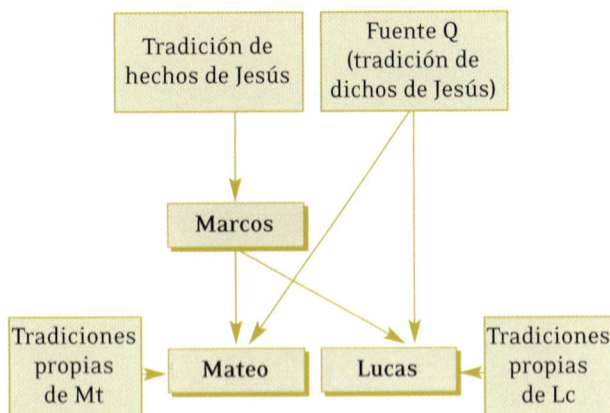

Evangelios apócrifos

A partir del siglo II aparecieron otros evangelios, llamados *apócrifos* ("escondidos"). No han sido reconocidos por la Iglesia como Palabra de Dios.

Hablan especialmente de la infancia y pasión de Jesús. Son una mezcla de buena voluntad y fantasía, aunque a veces tengan datos correctos. Han tenido mucha influencia en devociones populares. Podemos destacar el Evangelio de Tomás, Evangelio de los Nazarenos, etc.

H E C H O S , C A R T A S Y A P O C A L I P S I S

1. Vuelve a la página 34 del libro. ¿Cuántos libros conforman el Nuevo Testamento? ¿De qué tipo de libros se trata?

Roma

Filipos
Tesalónica
Tavium
Ancyra
GALACIA
Antioquía de Pisidia
SICILIA
Iconio
Éfeso
Derbe
Corinto
Listra
Colosas
LICAONIA
MALTA
RODAS
CHIPRE
CRETA

Cartas de Pablo
● Comunidades destinatarias
○ Comunidades de Galacia
◉ Comunidades de Licaonia

2. Pablo nos ha dejado trece cartas que dirigió a los cristianos de algunas ciudades o regiones. Localiza en el mapa dónde estaban situados esos lugares.

3. Lee estas citas del libro de los Hechos de los Apóstoles y rellena las casillas del cuadro. ¿Quiénes son los protagonistas de estos sucesos y, en consecuencia, del libro de Hechos? ¿En qué zona desarrollan su misión?

Cita	Ciudad	Protagonista
Hch 9, 32-43	Jafa	Pedro
Hch 10, 1-26		
Hch 18, 1-3		
Hch 19, 1-7		

4. El último libro de la Biblia se titula *Apocalipsis*. Aunque se trata de un libro no fácil de comprender, sin embargo su influencia ha sido muy grande no solo entre creyentes sino también en el mundo de la cultura.

– Lee *Ap 6, 1-8* y relaciona el texto con la imagen que tienes en esta página.

– ¿Qué tipo de lenguaje o género literario se utiliza en este texto?

– ¿Sabrías explicar el significado de las imágenes que se emplean?

BEATO DE LIÉBANA, *Los cuatro caballeros.*

El Nuevo Testamento, además de por los cuatro evangelios, está formado por otros veintitrés libros.

Hechos de los Apóstoles

Este libro se escribió a finales del siglo I. Para Lucas, su autor, es como una segunda parte de su evangelio.

El libro de los Hechos de los Apóstoles narra el crecimiento de la Iglesia en sus primeros años. Nos muestra cómo la comunidad cristiana continúa la misión que Cristo comenzó.

Los apóstoles Pedro y Pablo son las principales figuras de los relatos. Algunos incluso dividen el libro en dos partes: la primera, desde el capítulo 1 hasta el 12, tiene como protagonista a Pedro; la segunda, desde el 13 al 28, tiene a Pablo como personaje central.

El libro de Hechos no es un libro de historia tal y como hoy entendemos esta. Lo que Lucas pretende no es tanto aportar unos datos históricos como enseñar y animar la fe de los creyentes; mostrar cómo el reino de Dios se hace presente en la predicación de los apóstoles.

Las Cartas

Las Cartas ocupan más de un tercio del Nuevo Testamento. Son, además, los documentos más antiguos que hablan de Jesús.

Tradicionalmente, las veintiuna cartas se han dividido en dos grandes grupos:

– Las **cartas de Pablo** comprenden catorce escritos, incluyendo *Hebreos*.

– Las **cartas católicas** comprenden las siete restantes, llamadas así por haber sido aceptadas por toda la Iglesia.

Las cartas de Pablo

De las catorce cartas atribuidas tradicionalmente a Pablo, hay una que con seguridad no la escribió él: la Carta a los Hebreos.

Pablo era un judío, fariseo intransigente, nacido en Tarso (en la actual Turquía). Persiguió a los discípulos de Jesús hasta su encuentro con Cristo resucitado en el camino de Damasco hacia el año 35. A partir de este momento se convierte en un abnegado predicador de la Buena Noticia de Jesús.

Los principales protagonistas del libro de Hechos son Pedro y Pablo.

Escribe cartas a las diferentes comunidades cristianas para animarlas en su fe y exhortarlas a ser fieles al mensaje del evangelio. Algunas de estas cartas están dirigidas a los Corintios, los Romanos, los Tesalonicenses, los Filipenses, los Colosenses, los Efesios...

Cuando Pablo escribe sus cartas no pretende hacer tratados completos sobre las cuestiones de la fe, sino que trata de responder a situaciones concretas que se plantean en las primeras comunidades; por ejemplo, el tema de la resurrección de los muertos, que interesaba a los fieles de Corinto.

Las cartas católicas

Las otras cartas del Nuevo Testamento son conocidas por el nombre de su supuesto autor: cartas de Juan, de Pedro, de Santiago, de Judas, en vez de por el de sus destinatarios, como ocurre con las cartas de Pablo. Todo lo demás, el contenido, la forma y el estilo, es muy diferente de unas a otras.

Apocalipsis

El libro del Apocalipsis es el último libro del Nuevo Testamento y, por tanto, el que cierra la Biblia.

Apocalipsis es una palabra griega que significa "quitar el velo", descorrer el velo que oculta algo.

Se pueden distinguir en él dos partes bien definidas:

– La primera parte *(Ap 1, 9 - 3, 22)* habla de «lo que está sucediendo», de la situación de las siete Iglesias de Asia Menor, a las que Juan trata de confortar.

– La segunda parte, mucho más extensa *(4, 1 - 22, 5)*, habla de «lo que va a suceder después» y describe en términos simbólicos la intervención de Dios para salvar a la humanidad.

Es un libro lleno de símbolos. Está dirigido a los cristianos que padecían persecución. Su mensaje rebosa optimismo: ¡Ánimo! ¡Levantad la cabeza! Cristo y su Iglesia triunfarán sobre las fuerzas del mal.

OTRAS HUELLAS DE JESÚS

El Nuevo Testamento y, especialmente, los evangelios son las fuentes principales que tenemos para conocer a Jesús. Pero la historia del siglo I ofrece también "otras huellas" que nos ayudan a comprender lo que significó la persona y el mensaje de Jesús en la Iglesia de los primeros años.

Documentos de historiadores no cristianos

Hay pocos textos no cristianos que nos hablen de Jesús. No es extraño: la muerte de un judío en un oscuro rincón del imperio era un suceso demasiado vulgar. Los historiadores romanos empiezan a interesarse por Jesús cuando el movimiento de los cristianos es más conocido. He aquí algunos testimonios.

Tácito

Nerón.

Hacia el año 115, el historiador romano Tácito describe las persecuciones de Nerón:

«Este nombre viene de Cristo, a quien había entregado al suplicio el procurador Poncio Pilato. Reprimida de momento, esta detestable superstición se extendía de nuevo, no solo en Judea, donde había tenido su origen el mal, sino incluso en Roma.»

Suetonio

Claudio.

Hacia el año 120, otro historiador romano escribe que *«el emperador Claudio expulsó de Roma a los judíos que se agitaban constantemente bajo el impulso de Chrestus».*

En otra de sus obras, *Vida de Nerón*, afirma: *«Se entregó al suplicio a los cristianos, una especie de individuos dedicados a una superstición nueva y criminal».*

Costumbres de Palestina

Conocer las costumbres de Palestina nos ayuda a comprender mejor el mensaje y la forma de actuar de Jesús. Fíjate en este relato sobre los pastores de ovejas.

«Después del período de las lluvias, los rebaños de ovejas y cabras permanecen al aire libre. Por la noche se refugian en recintos construidos con muros de piedra. Cada recinto sirve para más de un rebaño. Una sola puerta, baja y estrecha, permite a las ovejas entrar, una por una, para poder ser más fácilmente contadas por el pastor. Pero los pastores beduinos no saben contar como lo hacemos nosotros, subrayando el valor del número. Los pastores las cuentan por su nombre, es decir, conocen de cada oveja una particularidad; de tal modo que el nombre de cada una es único.
Por la mañana, cuando regresan los pastores a recoger cada uno su rebaño, el pastor de guardia abre la portezuela. El primer pastor da un grito particular y entonces se levantan solo sus ovejas, mientras las otras ni se mueven, esperando a que venga su pastor al que reconocerán por su voz. He observado muchas veces esta escena campestre tan bella. Nunca he visto una oveja equivocarse y volver atrás.»

Pia COMPAGNONI: *El país del esplendor*

Los primeros símbolos cristianos

SÍMBOLOS COMO EL PEZ, EL ANCLA O EL BUEN PASTOR APARECEN EN LAS CATACUMBAS Y LUGARES DE REUNIÓN DE LOS PRIMEROS CRISTIANOS. CON ESTOS SÍMBOLOS TRATAN DE DECIRNOS QUIÉN ES JESÚS.

El ancla
Es el símbolo de la esperanza y de la salvación. Fíjate en que también está compuesta de una cruz.

El crismón
Es también un símbolo de Cristo. Observa que la figura está formada por dos letras griegas superpuestas, la X y la R. Son las dos primeras letras de la palabra griega XRISTOS ("Cristo").

El pez
En latín *pez* se escribe ICTUS, cuyo equivalente griego es la palabra IXZYS. Está formada por las iniciales de las palabras *Iesous Xristos Zeou Yios Soter* (Jesús, Cristo, Hijo de Dios, Salvador)

El Buen Pastor
Jesús es el Buen Pastor que da la vida por sus ovejas. Lleva en sus hombros un cordero, significando la salvación de los hombres.

Ancla
Crismón
Pez
Buen Pastor
CRISTO

ANALIZA

1. Imagina que quieres escribir la biografía de una persona que vivió entre 1954 y 2004. Elabora una lista de documentos y fuentes de todo tipo que debieras utilizar para elaborar esa biografía. ¿De qué documentos y fuentes no dispusieron los evangelistas?

2. ¿En qué forma el texto que has leído sobre los pastores beduinos te ayuda a entender lo que Jesús dice en el evangelio de Juan *(Jn 10, 1-9)*?

3. ¿Qué símbolo utilizarías para representar a Jesús en la época actual? ¿Por qué?

4. Busca en la introducción de tu Biblia o en Internet información sobre los zelotas, de los que se habla en el texto sobre Masada. ¿Tuvo Jesús relación con ellos?

Masada, lugar histórico judío

Masada se encuentra en la cima de un peñón de roca aislado en el desierto de Judea, junto al mar Muerto. Es un lugar de belleza árida y majestuosa. Hacia el este, el peñón cae unos 450 metros hacia el mar Muerto. Los accesos naturales a la cima del acantilado son muy escarpados. La fortaleza contaba con una muralla alrededor de la meseta, almacenes, grandes cisternas que se llenaban ingeniosamente con agua de lluvia, cuarteles, palacios y una armería.

En el año 66 d.C., un grupo de judíos rebeldes ocupó Masada. Se unieron a ellos zelotas y sus familias, que habían huido de Jerusalén al ser destruida por los romanos. Desde allí hostigaron a los romanos durante dos años. En el año 73 el gobernador romano Flavio Silva marchó contra Masada con la Décima Legión y miles de prisioneros de guerra judíos. Los romanos establecieron campamentos en la base de Masada y asediaron la fortaleza. Luego construyeron una rampa con miles de toneladas de piedras y tierra en el acceso occidental de la fortaleza, y en la primavera del año 74 hicieron subir un ariete por la rampa y batieron las murallas de la fortaleza. Los defensores (casi mil hombres, mujeres y niños) decidieron incendiar la fortaleza y morir por sus propias manos, en vez de ser capturados con vida.

NUEVO TESTAMENTO

Lo forman

EVANGELIOS

| Mateo | Marcos | Lucas | Juan |

Hechos de los Apóstoles

Cartas apostólicas

Libro del Apocalipsis

NARRAN

La Buena Noticia de Jesús

NARRAN

La vida de las primeras comunidades cristianas

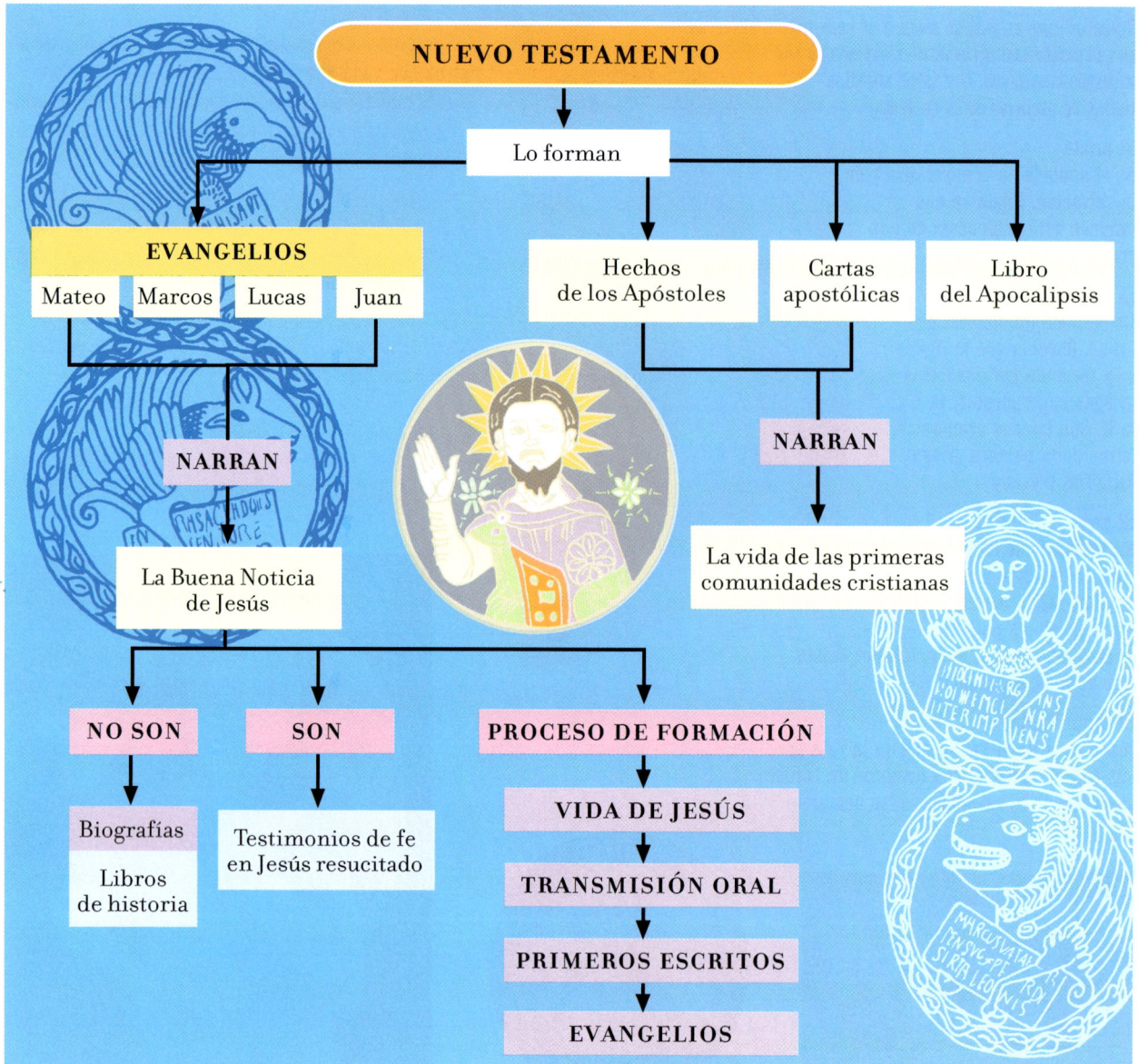

NO SON

Biografías

Libros de historia

SON

Testimonios de fe en Jesús resucitado

PROCESO DE FORMACIÓN

VIDA DE JESÚS

TRANSMISIÓN ORAL

PRIMEROS ESCRITOS

EVANGELIOS

C O M P R U E B A   L O   Q U E   S A B E S

En estos textos del Concilio Vaticano II se hacen algunas afirmaciones sobre el Nuevo Testamento. Coméntalos a partir de los que hemos visto en este tema.

- *«Dios habla en la Escritura por medio de hombres y en lenguaje humano; por lo tanto, el intérprete de la Escritura, para conocer lo que Dios quiso comunicarnos, debe estudiar con atención lo que los autores querían decir y Dios quería dar a conocer con dichas palabras. Para descubrir la intención del autor hay que tener en cuenta, entre otras cosas, los géneros literarios»* (Dei Verbum 12).

- *«Todos saben que entre los escritos del Nuevo Testamento sobresalen los evangelios, por ser el testimonio principal de la vida y la doctrina de la Palabra hecha carne, nuestro Salvador»* (Dei Verbum 18).

- *«Los autores sagrados compusieron los cuatro evangelios escogiendo datos de la tradición oral o escrita, reduciéndolos a síntesis, adaptándolos a la situación de las diversas iglesias»* (Dei Verbum 19).

- *«El canon del Nuevo Testamento, además de los cuatro evangelios, comprende las cartas de Pablo y otros escritos apostólicos inspirados por el Espíritu Santo»* (Dei Verbum 20).

1. Explica lo que sabes de las palabras en cursiva de estos versículos de los evangelios:

- Por aquellos días apareció un decreto del emperador *Augusto* mandando que se empadronasen los habitantes del imperio *(Lc 2, 1)*

- José, por ser de la estirpe y familia de David, subió desde *Galilea*, desde la ciudad de *Nazaret*, a *Judea*, a la ciudad de David, que se llama *Belén (Lc 2, 4)*

- José, al oír que *Arquelao* reinaba en Judea como sucesor de su padre Herodes, tuvo miedo de ir allí *(Mt 2, 22)*

2. Completa este acróstico.

```
 1              _ E _ _ _ _    —
 2  _ _ _ _ _ _ _ L _

 3        _ _ _ _ N _ _ _ _
 4        _ _ _ U _
 5        _ _ _ E _
 6           _ V _ _ _ _ _ _ _
 7        _ _ _ O _ _ _ _ _ _

 8        _ _ _ _ T _
 9  _ _ _ _ _ E _ _ _ _ _
10        _ _ _ _ S _
11              T _ _ _ _
12        _ _ _ _ A _ _ _ _ _ _
13              M _ _ _ _ _ _
14           _ E _ _ _ _
15        _ _ _ N _
16        _ _ _ T _
17     _ _ _ _ _ O
```

1. Libro que narra la vida de los primeros cristianos.
2. Lo es el texto del Buen Samaritano.
3. Pablo les dirigió dos cartas.
4. El protagonista de los evangelios.
5. Era cobrador de impuestos.
6. "Buena noticia" en lengua griega.
7. Lo son los evangelios de Lucas, Marcos y Mateo.
8. Procurador romano de tiempos de Jesús.
9. Acontecimiento trascendental de la vida de Jesús.
10. Escribió los Hechos de los Apóstoles.
11. La ciudad natal de Pablo.
12. El último libro del Nuevo Testamento.
13. Lo es la multiplicación de los panes.
14. Una de las profesiones de Lucas.
15. El discípulo amado de Jesús.
16. Pablo la escribió a los Gálatas.
17. Lengua en que se escribieron los evangelios.

3. El país de Jesús ha vivido numerosas convulsiones políticas a lo largo de los siglos.

- Intenta explicar lo que sucede actualmente en ese territorio.

4. Comenzando por la letra A y siguiendo el movimiento del caballo de ajedrez hasta la sílaba con punto, encontrarás una frase de Jesús que pertenece al evangelio de Mateo.

los	ne	de	jos	rad	tros
da	de	por	e	guen;	men
mi	que	hi	ra	vues	o
vues	ver	gos	si	te	a
os	A	se	Pa	y	a
réis	tro	per	mad	sí	dre.

EN LA RED

www.labibliaonline.com

La Biblia también está en Internet. En esta página puedes encontrar todos los libros del Antiguo y del Nuevo Testamento.

Haz una prueba. Intenta localizar el milagro de las bodas de Caná que narra el evangelio de Juan. Ni siquiera necesitas saber el capítulo en que se encuentra.

www.encuentra.com

Entre otras muchas cosas, en esta web encontrarás cuadros de pintores que a lo largo de la historia han "narrado" en sus pinturas el Nuevo Testamento. Siguiendo la ruta "Imágenes"/"Nuevo Testamento", escoge uno de los cuadros y coméntalo en relación con el texto evangélico que le corresponde.

5

Un hombre llamado Jesús

Nadie ha marcado tanto la historia como Jesús de Nazaret, el mesías enviado por Dios. Jesús es un misterio inagotable. Su mensaje y su vida mueven a preguntarse: ¿Quién es Jesús de Nazaret? En este tema trataremos de conocer más a Jesús por medio del testimonio que de él dieron sus discípulos.

Pienso no equivocarme si digo que todos los ejércitos que han luchado, todas las naves que han surcado mares, todos los parlamentos que han dictado leyes y todos los reyes que han reinado, puestos juntos, no han influido en la vida del hombre sobre la tierra, como esa sola vida.

Andrew Knowles

Fue siempre libre

Él estuvo siempre de parte
de los pobres y los débiles;
y estuvo con ellos de tal forma,
tan cerca vivió su propia suerte,
que fue capaz de darles ánimos
y suscitar en ellos el grito de esperanza:
«¡Vivir tiene sentido! ¡Un horizonte nuevo
se nos abre de ahora en adelante!».

Defraudó, sin embargo, a muchos otros:
a los legisladores esclavos de la letra,
a los revolucionarios celosos e impacientes
y a quienes codiciaban honores y poderes.

No se dejó manipular, fue siempre libre;
murió por defender lo que anunciaba
con un gesto de entrega tan completa,
que Dios lo resucitó como diciendo:
«¡Vivir como él vivió vale la pena!».
Desde entonces tenemos la certeza
de que siempre ha de vivir
quien por los otros muere.

«Todavía es posible la esperanza»,
en *Misión Abierta*

PONTORMO, *Cena de Emaús.*

Analiza el texto y las imágenes

1. ¿Qué te llama más la atención de lo que sobre Jesús se dice en el texto *Fue siempre libre*?

2. ¿Estás de acuerdo con la frase de Knowles? ¿Por qué?

3. ¿A qué hechos de la vida de Jesús hacen referencia las imágenes de esta página? ¿Qué testimonio de Jesús dieron los protagonistas de esos sucesos?

4. Muchas veces creemos conocer a Jesucristo porque hemos oído hablar con frecuencia de él. ¿Qué recuerdas de su vida y su mensaje?

5. ¿Qué contestarías a alguien que te preguntara quién es Jesús para ti?

RAFAEL, *Jesús entrega las llaves a Pedro.*

QUÉ BUSCAMOS

Hemos conocido el escenario donde transcurrió la vida de Jesús y la sociedad de su tiempo. Y, sobre todo, hemos conocido el contenido y la intención de los escritos que sobre Jesús hicieron sus discípulos.

Ahora queremos conocer qué esperaban de él sus contemporáneos y qué dijeron de Jesús una vez que este murió y resucitó.

CÓMO LO HAREMOS

- En primer lugar veremos qué clase de mesías esperaban los contemporáneos de Jesús y qué tipo de mesías quiso ser él.

- Después analizaremos cómo sus discípulos reconocen en Jesús al mesías y lo proclaman al mundo entero.

- Finalmente veremos cómo los primeros cristianos expresaron su fe en Jesús como Hijo de Dios.

▲ ¿ERES TÚ EL QUE HA DE VENIR?

Ante las acciones y las enseñanzas de Jesús, muchos se preguntaban si él era el mesías esperado.

1. Fíjate en estos textos, especialmente en las frases que están en cursiva. ¿Qué esperaban los judíos del tiempo de Jesús?

   – ¿De dónde tenía que venir el mesías? ¿Estaba ya anunciado?

   – Resume en qué consistía esa esperanza mesiánica.

   a) Al oír a Jesús manifestarse de este modo, algunos afirmaban:

   —Seguro que este es el profeta.

   Otros decían:

   —Este es el mesías.

   Otros, por el contrario:

   —*¿Acaso va a venir el Mesías de Galilea? ¿No afirma la Escritura que el mesías tiene que ser de la familia de David y de su mismo pueblo, de Belén? (Jn 7, 40-42)*

   b) Juan, que había oído hablar en la cárcel de las obras del mesías, envió a sus discípulos a preguntarle:

   —*¿Eres tú el que tenía que venir o hemos de esperar a otro? (Mt 11, 2-3)*

   c) Ellos contestaron: «Lo de Jesús el Nazareno, que fue un profeta poderoso en obras y palabras ante Dios y ante todo el pueblo. ¿No sabes que los jefes de los sacerdotes y nuestras autoridades lo entregaron para que lo condenaran a muerte, y lo crucificaron? *Nosotros esperábamos que él fuera el libertador de Israel» (Lc 24, 19-21)*

2. Al comienzo de los evangelios nos encontramos con el relato de las tentaciones de Jesús. Este pasaje es fundamental para comprender qué tipo de mesías quiso ser Jesús frente a lo que en su tiempo se esperaba del mesías.

   – Lee el relato de las tentaciones *(Mt 4, 1-11)* y describe qué tentaciones le hace el diablo a Jesús y la respuesta de este a las mismas.

   – Relaciona las tres tentaciones de Jesús con estas:

   • Tentaciones de poder.

   • Tentaciones de placer.

   • Tentaciones de tener.

BUONINSEGNA, *Las tentaciones.*

3. Indica cuáles de estas expresiones son verdaderas (V) y cuáles son falsas (F).

El mesías viene para cumplir la voluntad de Dios.	
El mesías seguirá el camino del éxito, tanto social como político.	
El mesías triunfará por la fuerza y el poder.	
El mesías saciará al pueblo con la palabra de Dios y el pan de la vida.	
El mesías instaurará la paz y la justicia por el camino del servicio.	
El mesías conseguirá para el pueblo toda clase de bienes materiales.	

La esperanza de la liberación definitiva

La experiencia que vive el pueblo de Israel es la liberación que Dios le trae. Esta liberación, como la ocurrida en Egipto y durante el éxodo, Dios la realiza por medio de sus "siervos".

Siervo, según la Biblia, es aquella persona a la que Dios elige y envía a cumplir una misión especial. Abrahán, Moisés, David son siervos porque han sido elegidos por Dios para colaborar en la historia de la salvación. Ellos confían no en sus propias fuerzas, sino en la fuerza de Dios, que es el que libera.

A los elegidos, a veces, se les unge la cabeza con aceite. De ahí que los términos *elegido*, *enviado*, *ungido* y *siervo de Dios* sean generalmente intercambiables. (Las palabras *mesías*, de origen hebreo, y *cristo*, de origen griego, significan "ungido".)

La unción señala a la persona como sagrada y portadora de Dios; es decir, recibe la fuerza de Dios o el poder misterioso que le permite comprender los acontecimientos con mayor profundidad y actuar en diversas situaciones.

Diferentes imágenes del mesías

Poco a poco, a lo largo de la historia, Dios revela a su pueblo que vendrá un mesías que traerá la salvación definitiva y que será descendiente de David.

Sin embargo, el mesías que esperaban los judíos en tiempos de Jesús era imaginado de muy diferentes maneras:

- Algunos pensaban que sería un sumo sacerdote, la autoridad religiosa suprema de los judíos.

- Otros esperaban que el mesías viniera con fuerza y ejércitos como un rey poderoso que restauraría el reino de David.

- Otros, en fin, se lo imaginaban como un ser sobrenatural que descendería de los cielos con toda su gloria.

F. von UHDE, *Jesús en casa de unos campesinos.*

Jesús rechazó las tentaciones de poder y se entregó al servicio de los hombres.

Jesús, el mesías esperado

Jesús, al comienzo de su vida pública, sufrió la tentación de convertirse en un mesías poderoso. Sin embargo, venció la tentación y optó por ser el libertador enviado por Dios, humilde y sufriente.

Cada una de las tentaciones representa un reto: el del poder y el prestigio, haciendo de los otros simples vasallos; el del placer, huyendo de las dificultades; el del tener, sucumbiendo al atractivo de las riquezas.

Frente a todo ello, Jesús acepta la voluntad de Dios y se entrega de una manera radical a servir a todos obedeciendo así a Dios. De este modo, Jesús rompe todos los esquemas de la religión judía de su tiempo, que esperaba un mesías fuerte y poderoso.

Jesús demostró con esta opción que la fuerza de Dios se manifiesta no en el poder y el prestigio, sino en la entrega humilde a favor de la libertad de todos. En él se cumple la promesa que Dios hizo a David. Jesús es el mesías esperado.

Lorenzo MÓNACO, *Crucifixión.*

Jesús quiso ser el mesías humilde y sufriente.

65

La identidad de Jesús

1. En el cómic que tienes a continuación están representadas dos escenas que aparecen en *Jn 20, 19-29*. Observa el cómic y lee el relato de Juan completo.

– Escribe en tu cuaderno aquella frase que se corresponda con cada bocadillo (observa que llevan un número). ¿Qué crees que quiere decir Juan al narrar estas dos escenas?

El domingo por la tarde estaban reunidos los discípulos en una casa con las puertas cerradas, por miedo a los judíos. Jesús se presentó en medio de ellos y les dijo:

—La paz esté con vosotros.

Y les mostró las manos y el costado. Los discípulos se llenaron de alegría al ver al Señor.

Tomás, uno del grupo de los doce, no estaba con ellos cuando se les apareció Jesús. Le dijeron, pues, los demás discípulos:

—Hemos visto al Señor.

Tomás les contestó:

—Si no veo las señales dejadas en sus manos por los clavos y meto mi dedo en ellas; si no meto mi mano en la herida abierta en su costado, no lo creeré.

Ocho días después, Jesús se presentó en medio de ellos y dijo a Tomás:

—Acerca tu dedo y comprueba mis manos; acerca tu mano y métela en mi costado. Y no seas incrédulo, sino creyente.

Tomás contestó:

—¡Señor mío y Dios mío!

Jesús le dijo:

—¿Crees porque me has visto? Dichosos los que creen sin haber visto.

(Jn 20, 19-20.24-25.27-29)

José Luis CORTÉS.

2. En el cuadro figuran textos en los que aparece una serie de títulos aplicados a Jesús.

– Busca esos textos y rellena las casillas vacías indicando la situación que se describe en el texto, el personaje que pronuncia el título y este mismo.

Texto	Situación	Personaje	Títulos
Mc 15, 37-39	Muerte de Jesús	Centurión	Hijo de Dios
Jn 4, 40-42			
Mt 14, 32-33			
Lc 2, 8-11			

3. En este texto, Pedro, en nombre de los doce apóstoles, hace una confesión de fe en Jesús.

Léelo y contesta a las siguientes preguntas:

– ¿Con quién identifica la gente a Jesús?

– ¿Qué tienen en común esas personas? ¿Qué crees que se quiere decir al citarlas?

– ¿Cuál es la confesión de Pedro?

De camino hacia la región de Cesarea de Filipo, Jesús preguntó a sus discípulos:

–¿Quién dice la gente que es el Hijo del hombre?

Ellos le contestaron:

–Unos, que Juan el Bautista; otros, que Elías; otros, que Jeremías o uno de los profetas.

Jesús les preguntó:

–Y vosotros, ¿quién decís que soy yo?

Simón Pedro respondió:

–Tú eres el Mesías, el Hijo de Dios vivo.

(Mt 16, 13-16)

Pedro respondió: «Tú eres el Mesías, el Hijo de Dios vivo».

De la oscuridad a la luz

Los primeros seguidores de Jesús tuvieron que enfrentarse con una situación terrible: aquel que ellos pensaban que era el enviado de Dios había muerto en una cruz, un suplicio reservado para blasfemos, rebeldes y asesinos: «¿No sabes que los jefes de los sacerdotes y nuestras autoridades lo entregaron para que lo condenaran a muerte, y lo crucificaron? Nosotros esperábamos que él fuera el libertador de Israel. Y, sin embargo, ya hace tres días que ocurrió esto», dicen los dos discípulos que van camino de Emaús.

Sin embargo, todo cambió con la experiencia de la resurrección: Jesús se aparece a sus discípulos y estos comprueban que está vivo. Entonces pasan de «estar en una casa con las puertas bien cerradas, por miedo a los judíos» a salir a proclamar abiertamente la buena noticia de Jesús, muerto y resucitado.

Él es el mesías, el salvador

Los primeros cristianos expresaron su fe en Jesús resumiendo y sintetizando lo que había significado su persona y su vida.

Una forma de expresarlo son las confesiones de fe; otra, los títulos que le otorgaron.

En esos títulos se manifiestan los aspectos más importantes de la fe en Jesús:

• tiene una relación especial y única con Dios (Señor, Hijo de Dios),

• su vida y actuación está al servicio de lo que Dios quiere para las personas (Salvador, Mesías).

Toda la vida de Cristo es ofrenda al Padre. Jesús, desde el mismo instante de su encarnación, acepta el designio divino de salvación en su misión redentora: «Mi alimento es hacer la voluntad del que me ha enviado y llevar a cabo su obra» *(Jn 4, 34).*

«DIOS LO HA CONSTITUIDO SEÑOR Y MESÍAS»

Los discípulos expresaron su fe en Jesús resumiendo y sintetizando en diferentes discursos lo que había significado su persona y su vida.

Lee este fragmento del discurso que pronuncia Pedro el día de Pentecostés (lo encontrarás completo en *(Hch 2, 14-41)*. Después rellena las casillas del cuadro.

Pedro, en pie con los once, levantó la voz y declaró solemnemente:

—Judíos y habitantes todos de Jerusalén, fijaos bien en lo que pasa y prestad atención a mis palabras. Se ha cumplido lo que dijo el profeta Joel: En los últimos días, dice Dios, *derramaré mi Espíritu sobre todo hombre. Y todo el que invoque el nombre del Señor, se salvará.*

Israelitas, escuchad: Jesús de Nazaret fue el hombre al que Dios acreditó ante vosotros con los milagros, prodigios y señales que realizó por medio de él entre vosotros, como bien sabéis. Dios lo entregó conforme al plan que tenía previsto y determinado, pero vosotros, valiéndoos de los impíos, lo crucificasteis y lo matasteis. Dios, sin embargo, lo resucitó, rompiendo las ataduras de la muerte, pues era imposible que esta lo retuviera en su poder.

Hermanos, el patriarca David, como era profeta y sabía que Dios le había jurado solemnemente sentar en su trono a un descendiente de sus entrañas, vio anticipadamente la resurrección de Cristo, y dijo que no sería entregado al abismo, ni su carne vería la corrupción.

A este Jesús Dios lo ha resucitado, y de ello somos testigos todos nosotros. El poder de Dios lo ha exaltado, y él, habiendo recibido del Padre el Espíritu Santo prometido, lo ha derramado, como estáis viendo y oyendo.

Así pues, que todos los israelitas tengan la certeza de que Dios ha constituido Señor y Mesías a este Jesús, a quien vosotros crucificasteis.

(Hch 2, 14.16-17.21-24.29-33.36)

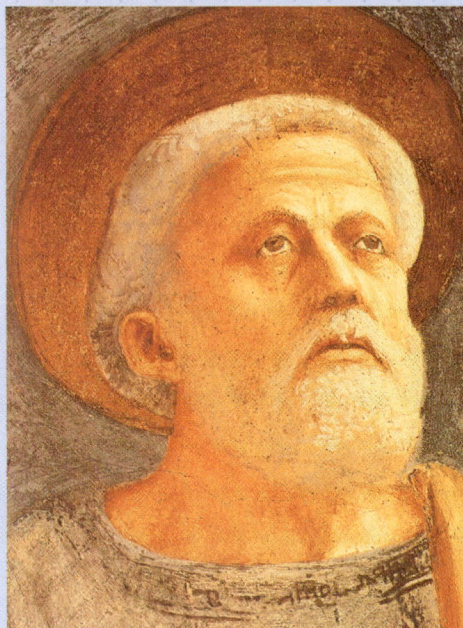

¿Quién habla y a quién se dirige?	*Pedro a los israelitas.*
¿Cuándo, dónde y en qué circunstancias?	
¿Qué dice de la vida de Jesús?	
¿Qué dice de su resurrección?	
¿Qué títulos otorga a Jesús?	
¿Qué relación tiene con el Antiguo Testamento y con la esperanza mesiánica todo lo que ha ocurrido con Jesús?	

Los discursos del libro de los Hechos

Los primeros cristianos, como acabamos de ver, sintetizaron y resumieron su fe en Jesús en títulos que trataban de explicar su verdadera identidad y en breves confesiones de fe que resumían los acontecimientos más importantes de su vida, su muerte y su resurrección.

El libro de los Hechos de los Apóstoles recoge el desarrollo y la expansión de la primitiva Iglesia. En él figura una serie de discursos que se ponen en labios de los apóstoles, especialmente de dos: Pedro y Pablo. Se trata de discursos densos y a veces largos en los que está concentrado y sintetizado todo el mensaje cristiano.

De los cerca de veinte discursos que contiene Hechos, hay seis que destacan: *Hch 2, 14-41; 3, 12-26; 4, 8-12; 5, 29-32; 10, 34-43* y *13, 17-41*. Excepto este último, pronunciado por Pablo, los demás están puestos en boca de Pedro.

A pesar de sus diferencias, en todos ellos encontraremos tres rasgos comunes: Jesús como centro del mensaje, la referencia a las Escrituras y la invitación a aceptarlo y seguirlo.

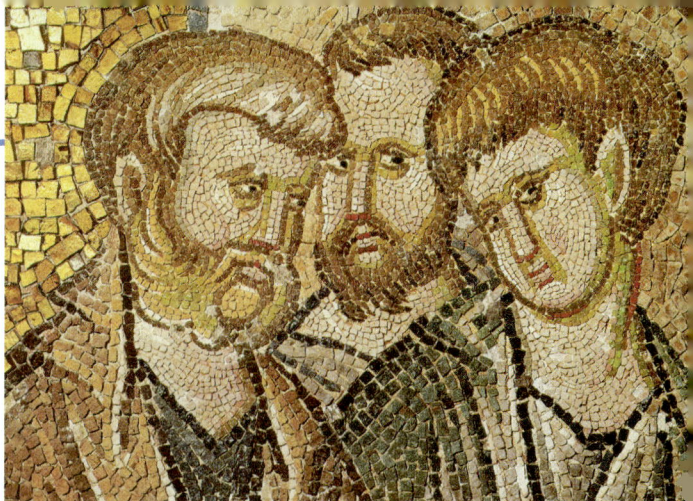

G. B. CRESPI, *Jesús junto a Pedro y Pablo.*

En los discursos de Pedro y Pablo se concentra todo el mensaje cristiano.

«Ungido con Espíritu Santo»

Los discursos siempre tienen como centro la persona de Jesús, con tres rasgos fundamentales: su vida (palabras y hechos), su muerte y su resurrección. El desarrollo de estos tres rasgos no siempre es el mismo.

En el discurso del capítulo 10 encontraremos una de las más bellas definiciones que se han dado de la actividad de Jesús: «Me refiero a Jesús de Nazaret, a quien Dios ungió con Espíritu Santo y poder. Él pasó haciendo el bien y curando a los oprimidos por el demonio, porque Dios estaba con él» (v. 38).

«Anunciado por los profetas»

Asimismo, en todos los discursos es fundamental la referencia a las Escrituras. Es una manera de hacer ver que la obra de Jesús se sitúa en la tradición del pueblo de Israel. La referencia a textos del Antiguo Testamento es también muy variada: encontraremos alusiones a salmos (como en *Hch 2, 28* y *34-35*), a textos proféticos (como en *Hch 13, 34* y *41*) y a libros históricos (como en *Hch 3, 13.22* y *25*).

«Arrepentíos y bautizaos»

Los discursos siempre pretenden implicar a quien los escucha o los lee. La intención del apóstol que pronuncia el discurso, testigo del acontecimiento del que habla, es invitar a sus oyentes a adherirse a Jesús, que siempre es el protagonista del discurso.

Esto está muy bien reflejado en *Hch 2, 37-38*: «Estas palabras les llegaron hasta el fondo del corazón, así que preguntaron a Pedro y a los demás apóstoles: "¿Qué tenemos que hacer, hermanos?" Pedro les respondió: "Arrepentíos y bautizaos cada uno de vosotros en el nombre de Jesucristo, para que queden perdonados vuestros pecados"».

Con el paso del tiempo, la fe de los primeros cristianos, plasmada en confesiones de fe, títulos y discursos, terminó siendo recogida en una formulación llamada *credo*, porque expresa de forma sintética aquello en que creen los cristianos.

El credo apostólico

El llamado *credo apostólico* (o, también, *símbolo de los apóstoles* o *credo bautismal*) recoge en breves enunciados lo que los primeros cristianos creían de Jesús y que fue plasmándose en credos más breves y antiguos (como el de *1 Cor 15, 1-7*), confesiones de fe y títulos aplicados a Jesús.

Se llama *apostólico* no tanto porque fuera redactado por los apóstoles (la duración de su composición fue muy larga), sino porque se basa en la fe de los apóstoles.

En el anterior apartado hemos visto que los discursos de los Hechos tienen en común tres elementos:

– centralidad de Jesús,

– referencia a las Escrituras,

– invitación a la opción personal.

En el credo apostólico encontraremos algo parecido. Si nos fijamos, veremos que, en realidad, tiene tres artículos:

– creo en Dios,

– creo en Jesucristo,

– creo en el Espíritu Santo.

Aunque son artículos iguales en importancia, hay que tener en cuenta el orden en que están enunciados.

«Creo en Dios Padre»

El primer artículo se refiere a Dios. Está puesto en primer lugar porque, para la fe cristiana, todo procede de Dios. No se podría entender a Jesús sin una referencia a su Padre Dios.

De él se habla con tres títulos: *Padre*, que es una característica que transmitió Jesús, *todopoderoso*, *creador*.

Aunque explícitamente no se menciona la historia de Israel, está presente en el "poder" con que Dios se ha ido manifestando en ella.

«Creo en Jesucristo»

El segundo es el artículo central: por eso está en medio de los otros dos. También es el más desarrollado.

De Jesús se habla empleando dos títulos: *Señor* e *Hijo*, que, según veíamos, eran los títulos que hacían referencia a la relación única entre Jesús y Dios.

El desarrollo del artículo sigue la historia de Jesús, según la podemos leer en los evangelios:

– nacimiento;

– pasión, crucifixión y sepultura;

– descenso a los infiernos (es decir, al lugar de los muertos, según el esquema mental de la antigüedad);

– resurrección;

– exaltación (se alude a la ascensión y al "estar sentado a la derecha de Dios"); y, finalmente,

– el juicio final, que es algo propio de Dios que ejercerá el Hijo.

Algunas de estas acciones coinciden con las del credo de *1 Cor 15, 1-7*.

«Creo en el Espíritu Santo»

El artículo final está dedicado al Espíritu Santo. De él dependen otras verdades de la fe cristiana: la Iglesia, la comunión de los santos, el perdón de los pecados y la resurrección futura.

Se trata de realidades que tienen su origen en Jesús, pero que se desarrollan en la historia gracias al Espíritu Santo, que, procedente del Padre y del Hijo, anima la vida de los cristianos. Por eso está puesto en tercer lugar.

◣ C R E E M O S   E N   J E S U C R I S T O

En el credo está expresada de forma resumida la fe en Jesús, que no puede separarse de la fe en Dios Padre y en el Espíritu Santo.

Fíjate bien en este credo de la primitiva comunidad cristiana, llamado *símbolo de los apóstoles* por considerarse el credo que arranca de la misma tradición apostólica.

– Lee detenidamente el discurso de Pedro en casa del centurión Cornelio *(Hch 10, 34-44)*.

– A la izquierda del credo, coloca los versículos del discurso de Pedro que tienen relación con el credo (al comienzo del mismo tienes un pequeño ejemplo).

– ¿Qué expresiones del símbolo de los apóstoles aparecen en el discurso de Pedro en casa de Cornelio?

vv. 34.38.40   Creo en **Dios Padre** todopoderoso,
creador del cielo y de la tierra.

Creo en **Jesucristo**, su único Hijo, nuestro Señor,
que fue concebido por obra y gracia del Espíritu Santo.
Nació de santa María Virgen.
Padeció bajo el poder de Poncio Pilato.
Fue crucificado, muerto y sepultado.
Descendió a los infiernos,
y al tercer día resucitó de entre los muertos.
Subió a los cielos
y está sentado a la derecha del Padre todopoderoso.
Desde allí ha de venir a juzgar a los vivos y los muertos.

Creo en el **Espíritu Santo**,
la Santa Iglesia Católica,
la comunión de los santos,
el perdón de los pecados,
la resurrección de la carne
y la vida eterna. Amén.

Leonardo DA VINCI,
La anunciación.

En el credo, al hablar del nacimiento de Jesús se hace una referencia explícita a su madre: «Nació de santa María Virgen».

EL ROSTRO DE JESÚS EN EL ARTE

¿Cómo fue realmente el rostro de Jesús? El deseo de saber cuál fue el aspecto de Cristo ha movido a los hombres a lo largo de los siglos. Los evangelios no describen el aspecto físico de Jesús. No era costumbre la descripción del físico de una persona.

En los evangelios solo podemos encontrar alusiones a la mirada de Jesús, a sus gestos... Pero solamente eso. El resto, dar imagen a su rostro humano y sagrado, ha sido el intento de muchos pintores a lo largo de todos los tiempos.

En los primeros siglos

En los primeros siglos, influidos por el rechazo a la idolatría que profesaban los judíos, no se representa a Jesús con figura humana, sino mediante símbolos: un ancla, un pez, el pan, el pavo real, las letras griegas Alfa y Omega, la paloma... Solo al final de la época romana se empezará a representar a Cristo como el Buen Pastor.

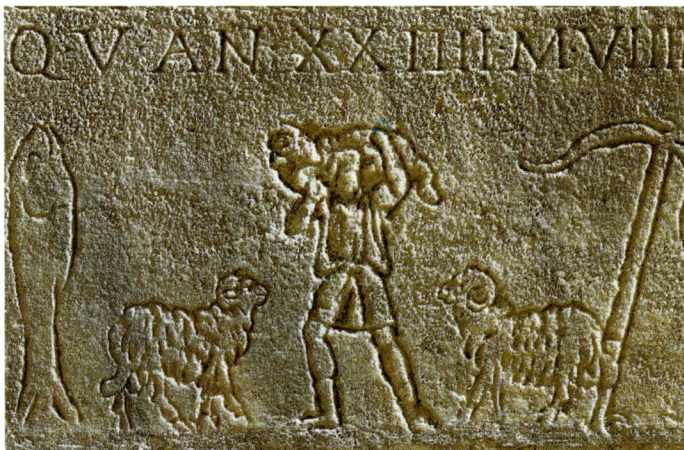

En la Edad Media

Las imágenes más significativas de Jesús en el llamado *arte románico* son los pantocrátor, o Cristo en majestad. Representan a Jesús como Dios, rey y juez, vestido con rica túnica y a veces con corona real. El rostro de Jesús es solemne y majestuoso.

En la segunda mitad de la Edad Media, con el arte gótico, la figura de Jesús recupera rasgos más humanos. Es el Dios que se acerca a los hombres. Cristo es ahora el crucificado sufriente.

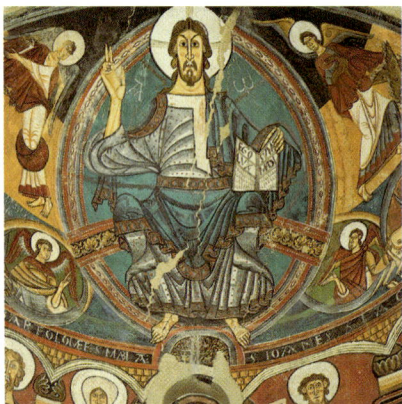

En el Renacimiento

El Renacimiento, con una preferente búsqueda de la estética y de la belleza, hace de Cristo un hombre ideal. El ejemplo más claro es el Cristo del *Juicio final*, de Miguel Ángel.

Durante el Barroco

El arte barroco trata de infundir sentimiento en los fieles. Desea que los cristianos se identifiquen con la figura sufriente de Jesús. El rostro de Cristo aparece representado de modo muy realista, lleno de dolor, pasión y sentimiento.

Muchas de las figuras que desfilan por nuestras calles en Semana Santa siguen el espíritu del barroco.

ANALIZA

1. ¿Cuál de estas imágenes del rostro de Jesús te gusta más? ¿Por qué?

2. ¿Observas en las pinturas algunos rasgos comunes del rostro de Jesús? ¿Cuáles?

3. Si tuvieras que representar a Jesús con un objeto, como en los primeros siglos, ¿qué objeto escogerías?

4. ¿Te parece que hubiera sido importante conocer exactamente el físico de Jesús?

5. ¿Qué opinas de esta frase del papa Pablo VI?: «Todos los artistas han medido sus fuerzas al tratar de traducir en colores el rostro divino de Jesús. Y no nos dejan satisfechos».

En los siglos XVIII y XIX

Durante estos dos siglos la sociedad sufre grandes cambios. Los efectos de la revolución francesa, por un lado, y la revolución industrial, por otro, suponen un distanciamiento entre la religión y el arte. Es una época en la que aparecen imágenes dulzonas; no obstante, muchos artistas siguen representando la imagen de Jesús de forma menos dramática que lo hicieron los artistas del Barroco, como estas imágenes de Goya y Gauguin.

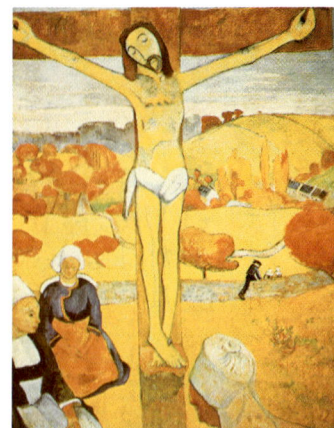

En el siglo XX

Las imágenes de Cristo son mucho más diversas. Reflejan una Iglesia más comprometida con los problemas de los hombres y con una sociedad que se rebela contra la injusticia y busca en Jesús una respuesta. Es un mundo carente de humanidad el que influye en estas imágenes de Cristo sufriente.

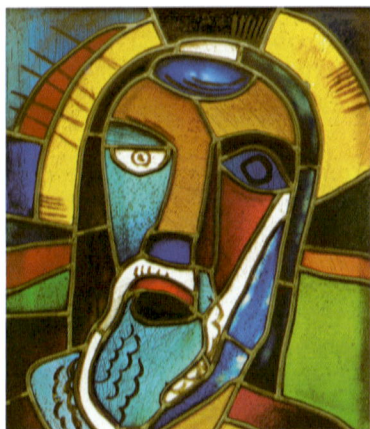

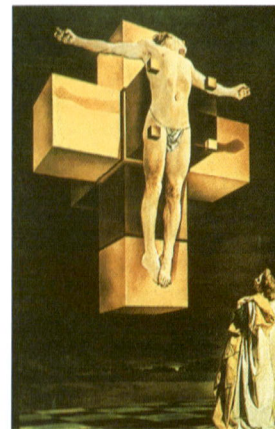

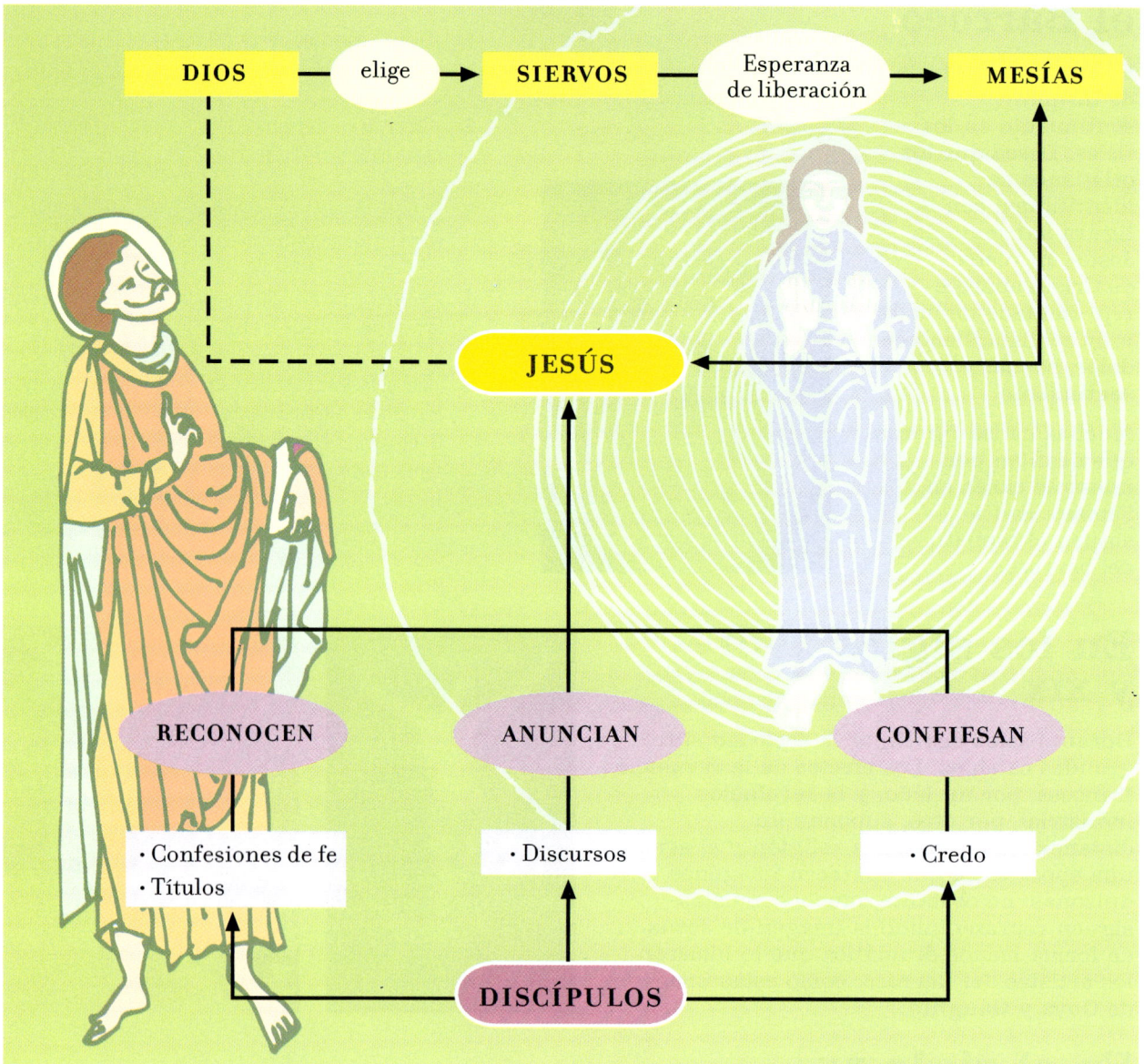

| DIOS | → elige → | SIERVOS | → Esperanza de liberación → | MESÍAS |

JESÚS

| RECONOCEN | ANUNCIAN | CONFIESAN |
| · Confesiones de fe · Títulos | · Discursos | · Credo |

DISCÍPULOS

C O M P R U E B A   L O   Q U E   S A B E S

A continuación tienes dos textos del *Catecismo de la Iglesia Católica*. Léelos y compara lo que dicen con lo que hemos visto en el tema.

● Cristo *viene de la traducción griega del término hebreo* Mesías, *que quiere decir "ungido". No pasa a ser nombre propio de Jesús sino porque él cumple perfectamente la misión divina que esa palabra significa. (...) Jesús cumplió la esperanza mesiánica de Israel en su triple función de sacerdote, profeta y rey (n.° 436).*

● *Nosotros creemos y confesamos que Jesús de Nazaret, nacido judío de una hija de Israel, en Belén en tiempo del rey Herodes el Grande y del emperador César Augusto; de oficio carpintero, muerto crucificado en Jerusalén, bajo el procurador Poncio Pilato, durante el reinado del emperador Tiberio, es el Hijo eterno de Dios hecho hombre, que «ha salido de Dios» (Jn 13, 3), «bajó del cielo» (Jn 3, 13; 6, 33), «ha venido en carne» (1 Jn 4, 2), porque «la Palabra se hizo carne, y puso su morada entre nosotros, y hemos visto su gloria, gloria que recibe del Padre como Hijo único, lleno de gracia y de verdad... Pues de su plenitud hemos recibido todos, y gracia por gracia» (Jn 1, 14.16) (n.° 423).*

1. En *Hch 13, 17-41* aparece un discurso un poco largo puesto en labios de Pablo. Léelo con atención y señala en el cuadro que tienes a continuación los versículos en los que se citen textos del Antiguo Testamento, las menciones a la vida, muerte y resurrección de Jesús, y las consecuencias que supone creer en Jesús.

Antiguo Testamento	
Vida de Jesús	
Muerte	
Resurrección	
Consecuencias	

2. Observa el comienzo de las tres estrofas de este "credo" incompleto. ¿Te atreverías a continuar la redacción de las mismas?

– *Creo en Dios, creador de un mundo donde las personas...*

– *Creo en Jesucristo, que vino a la tierra para...*

– *Creo en el Espíritu Santo, que nos da fuerza para...*

3. Descubre en esta sopa de letras cinco títulos dados por los cristianos a Jesús.

F	I	L	P	O	S	T	R	A	M
A	L	O	R	J	U	P	I	D	O
M	E	S	A	I	S	E	M	I	Ñ
C	A	R	O	H	I	L	A	T	R
E	S	T	L	T	C	A	R	N	A
M	E	H	Q	X	S	B	Ñ	Q	E
V	Ñ	I	C	V	T	I	B	P	F
C	O	R	P	A	G	V	R	A	J
I	R	A	L	Ñ	O	B	R	C	A
R	O	D	A	V	L	A	S	A	G

4. Observa la viñeta. ¿Tiene alguna relación con el tema que has estudiado? ¿Cuál? ¿Podrías inventarte tú un "título" que exprese la fe en Jesús?

José Luis CORTÉS, *Un señor como Dios manda.* Madrid, PPC.

EN LA RED

www.teologia.pl/es/es.htm

Es una página donde aparece un texto escrito por el papa Pablo VI que se titula «El Credo del Pueblo de Dios». En él se pueden encontrar explicados y desarrollados los artículos del credo cristiano.

personales.mundivia.es/jmgs/documentos/creemos.htm

En esta página puedes ver un "credo" de cristianos latinoamericanos: «Credo con sabor latino».

anglican.tripod.com.mx/otros/credos.htm

Aquí encontrarás una síntesis de lo que significa el credo y el texto de tres credos que han existido en la historia de la Iglesia: el de los apóstoles, el del Concilio de Nicea (año 325) y el llamado *de san Atanasio*.

El grupo de seguidores que Jesús quiso

Hablar hoy del cristianismo no sorprende porque está extendido por todo el mundo. Pero todo tuvo un principio. Todo arrancó de la misma vida de Jesús, de ese pequeño grupo que Jesús fue reuniendo a su alrededor. Por eso, para comprender cómo tiene que ser hoy la Iglesia es muy importante que recordemos lo que Jesús les dijo.

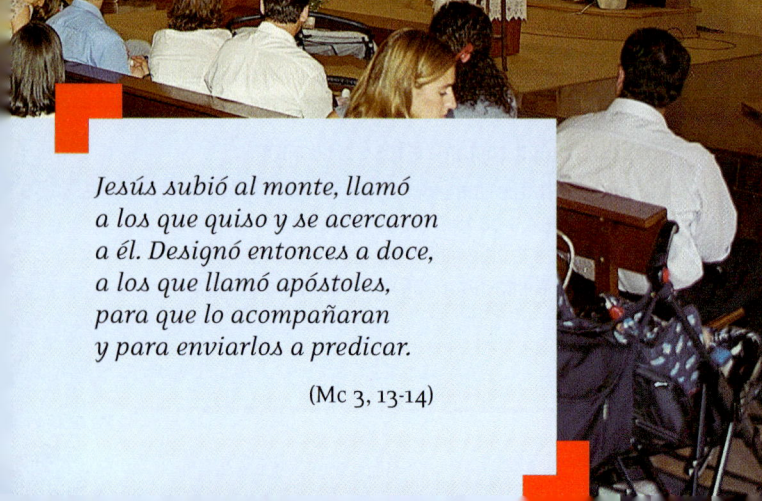

Jesús subió al monte, llamó a los que quiso y se acercaron a él. Designó entonces a doce, a los que llamó apóstoles, para que lo acompañaran y para enviarlos a predicar.

(Mc 3, 13-14)

LO QUE DEFINE A UN GRUPO	
Finalidad del grupo	
Lo que aporta a la persona	
Lo que aporta a la sociedad	
Principales normas de funcionamiento	
Lo que construye la unión	
Relación que tiene con el resto de la sociedad	

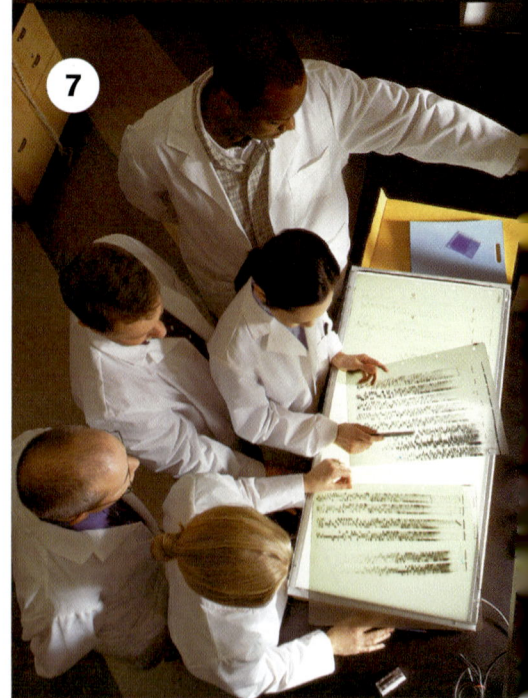

7

Observa las imágenes y completa el cuadro

1. Fíjate bien en las imágenes de estas dos páginas. En ellas aparecen grupos muy distintos.

   – Identifica de qué grupos se trata (cada imagen tiene un número).

   – Indica otros grupos que conozcas o a los que tú pertenezcas.

   – Selecciona uno de esos grupos. ¿Qué crees que hace falta para entrar en él? ¿Cuáles son las normas principales de ese grupo? ¿Qué aporta a sus miembros?

2. Fíjate en el cuadro de la parte superior de esta página. En él se definen las características que todo grupo posee: busca un fin, tiene normas, produce unión entre sus miembros, etc.

   – Aplica este cuadro al análisis de la Iglesia, el grupo de los cristianos.

QUÉ BUSCAMOS	CÓMO LO HAREMOS
Tras haber estudiado la persona de Jesús y cómo lo entendieron sus primeros discípulos, ahora nos centraremos en el grupo de sus seguidores, la Iglesia. En este tema descubriremos la continuidad que hay entre aquel primer grupo de discípulos y la Iglesia de nuestros días.	• En primer lugar examinaremos quiénes eran los compañeros de Jesús y cómo se formó el grupo. • Después nos fijaremos en las características de ese grupo: el amor y el servicio. • Por último, nos detendremos en un momento particularmente importante de la Iglesia en el siglo xx, el Concilio Vaticano II, y en cómo vive y se organiza la Iglesia hoy en España.

«ᴇ ʀ ᴀ ɴ   ᴍ ᴜ ᴄ ʜ ᴏ s   ʟ ᴏ s   ǫ ᴜ ᴇ   ʟ ᴇ   s ᴇ ɢ ᴜ ί ᴀ ɴ»

Los primeros capítulos del evangelio de Marcos se desarrollan en torno a la ciudad de Cafarnaún, cerca del lago de Galilea, donde Jesús inició su predicación.

1. Observa el mapa de Palestina y sitúa Cafarnaún. ¿Está muy lejos de Nazaret, la ciudad en la que Jesús vivió los primeros años de su vida?

2. Desde el principio Jesús se fue rodeando de personas que le acompañaban constantemente. Lee este texto y *Mc 1, 29-45*. Subraya todo lo que se dice sobre el grupo que acompañaba a Jesús.

    *   Pasando Jesús junto al lago de Galilea, vio a Simón y a su hermano Andrés que estaban echando las redes en el lago, pues eran pescadores. Jesús les dijo:

        —Veníos detrás de mí y os haré pescadores de hombres.

        Ellos dejaron inmediatamente las redes y lo siguieron.

        Un poco más adelante vio a Santiago, el de Zebedeo, y a su hermano Juan. Estaban en la barca reparando las redes. Jesús los llamó también; y ellos, dejando a su padre Zebedeo en la barca con los jornaleros, se fueron tras él.

    *   Llegaron a Cafarnaún, y, cuando llegó el sábado, entró en la sinagoga y se puso a enseñar. La gente estaba admirada de su enseñanza, porque los enseñaba con autoridad, y no como los maestros de la ley.

    (Mc 1, 16-22)

3. Observa los cómics y relaciónalos con alguna de las escenas del texto de Marcos.

José Luis Cᴏʀᴛᴇ́s, *Un Señor como Dios manda*. Madrid, PPC.

Maestros y discípulos

En Palestina, en tiempos de Jesús, existía la figura del *rabbí* (rabino, maestro o doctor de la Ley), que era el intérprete de la Ley, el que orientaba a los judíos en sus conductas para que conocieran y cumplieran la voluntad de Dios.

En torno a esos maestros se desarrollaban grupos, más o menos fijos, que eran conocidos en los pueblos y ciudades. En el evangelio aparecen citados algunos de esos grupos. Así, por ejemplo, se habla de los "discípulos de Juan", refiriéndose en concreto a los seguidores de Juan el Bautista.

En este contexto aparece Jesús, que desde el comienzo de su predicación se va rodeando también de un grupo de seguidores; por eso, a Jesús, en algún momento del evangelio, se le llama también Rabbí o Maestro; todos saben quiénes son los seguidores y discípulos de Jesús.

Un grupo que nació en Galilea

Una buena parte de la vida de Jesús se desarrolló en tierras de Galilea. El centro de su actividad era la ciudad de Cafarnaún junto al lago de Tiberíades.

En Cafarnaún la población vivía de la pesca; por eso en la predicación de Jesús encontramos tantas referencias a esta actividad. Existía además una sinagoga y una guarnición romana. Era, por tanto, una ciudad de cierta importancia.

Jesús llegó a Cafarnaún desde Nazaret, donde vivió la primera parte de su vida; y fue allí en Cafarnaún donde empezó su predicación y donde formó el núcleo más importante de sus discípulos. De allí son Simón y Andrés, hermanos; Santiago y Juan, también hermanos; y Mateo, entre otros. Son los discípulos de la primera hora, pescadores en su mayoría.

Lago de Tiberíades.

Biblia cultural. Madrid, SM/PPC.

Un maestro y unos discípulos distintos

La enseñanza de los maestros se basaba en la imitación del rabino o maestro, que constituía el modelo en la observancia minuciosa de la Ley.

Los evangelistas dejan claro que la enseñanza de Jesús era muy peculiar: no se basaba en opiniones sino en su propia autoridad.

Jesús no transmite una doctrina sino un estilo de vida. Jesús no busca imitadores sino seguidores. Si Jesús llama o invita a algunos, es para que le sigan; para que estén con él, viviendo lo que él vive; para que sean testigos de su persona. Así, Jesús crea un grupo que es algo más y que pretende llegar a ser como una nueva familia.

El núcleo de este grupo lo constituyen los doce apóstoles, quienes a la muerte de Jesús impulsan la vida de la Iglesia.

« O s   H E   D A D O   E J E M P L O »

Jesús se refirió repetidas veces con palabras, y también con signos, a cómo tenía que ser la vida de esa nueva familia que los discípulos formaban.

1. Lee los textos y haz la lista de todos los consejos que Jesús da a sus discípulos sobre cómo tiene que ser su vida en común.

- Si tu hermano te ofende, ve y repréndelo a solas. Si te escucha, habrás ganado a tu hermano. Si no te escucha, toma contigo a dos, para que cualquier asunto se resuelva en presencia de dos o tres testigos. Si no les hace caso, díselo a la comunidad.

- Os aseguro que si dos de vosotros se ponen de acuerdo en la tierra para pedir cualquier cosa, la obtendrá de mi Padre celestial. Porque donde están dos o tres reunidos en mi nombre, allí estoy yo en medio de ellos.

- Pedro le preguntó:

  —Señor, ¿cuántas veces he de perdonar a mi hermano cuando me ofenda? ¿Siete veces?

  Jesús le respondió

  —No te digo siete veces, sino setenta veces siete.

- Jesús los llamó y les dijo:

  —Sabéis que los jefes de las naciones las gobiernan tiránicamente y que los magnates las oprimen. No ha de ser así entre vosotros. El que quiera ser importante entre vosotros sea vuestro servidor, y el que quiera ser el primero sea vuestro esclavo.

  (Mt 18, 15-17a; 19-20; 21-22; 20, 25-27)

- Estaban cenando y se levantó de la mesa, se quitó el manto, tomó una toalla y se la ciñó a la cintura. Después echó agua en una palangana y comenzó a lavar los pies de los discípulos y a secárselos con la toalla que llevaba en la cintura.

  Después de lavarles los pies, se puso de nuevo el manto, volvió a sentarse a la mesa y dijo a sus discípulos:

  —¿Comprendéis lo que acabo de hacer con vosotros? Vosotros me llamáis Maestro y Señor, y tenéis razón, porque efectivamente lo soy. Pues bien, si yo, que soy el Maestro y el Señor, os he lavado los pies, vosotros debéis hacer lo mismo unos con otros. Os he dado ejemplo, para que hagáis lo que yo he hecho con vosotros.

- Padre santo, guarda en tu nombre a los que me has dado para que sean uno, como tú y yo somos uno.

  (Jn 13, 2a, 4-5.12-15; 34-35; 17, 11b)

2. Relaciona los consejos que da Jesús a sus discípulos con el cómic siguiente:

Amaos los unos a los otros. Haceos felices unos a otros. No os hagáis daño.

ESCUCHAOS UNOS A OTROS CON INTERÉS, CON ATENCIÓN, CON AMOR. APRECIAOS MUTUAMENTE, VALORAOS, RESPETAOS.

PERDONAOS UNOS A OTROS UNA VEZ, MIL VECES, SEA CUAL SEA LA OFENSA.

ESTAD ATENTOS A LAS NECESIDADES DE LOS DEMÁS. QUE NADIE LO PASE MAL SI VOSOTROS PODÉIS EVITARLO.

REÍOS JUNTOS, DISFRUTAD JUNTOS, CONTAGIAOS LA ALEGRÍA UNOS A OTROS.

RESPETAD AL QUE SUFRE. COMPRENDEDLE. ESTAD AHÍ.

Colaborad en la gran obra de Dios de la felicidad del mundo.

Ayudaos unos a otros a crecer juntos, a alcanzar juntos la grandeza para la que fuisteis creados.

José Luis CORTÉS, *El Señor de los amigos*. Madrid, PPC.

«Como yo os he amado»

Jesús no reunió a sus discípulos para comunicarles una doctrina o una sabiduría, ni siquiera para darles recomendaciones morales. Jesús reunió a sus discípulos para darles a todos y a cada uno su amor. Jesús amó profundamente a los que le rodeaban y, muy en especial, a aquellos y aquellas que le seguían a todas partes y que compartían su vida.

Los discípulos no se reunieron porque compartían las mismas aficiones o porque eran ya amigos, sino que se encontraron en el amor que Jesús les tenía. No importaban las diferencias: unos eran pescadores; otros, como Mateo, recaudadores; incluso había algún fariseo como Nicodemo, y también muchas mujeres.

Hermanos en una nueva comunidad

Jesús utiliza la palabra *hermano* para nombrar esa nueva relación que se establece entre los discípulos. Ya no son amigos o conocidos sino que el amor que Jesús les tiene los ha hecho hermanos, en una nueva familia.

Desde esta perspectiva es como hay que entender las recomendaciones que Jesús les da sobre cómo tienen que vivir:

– Perdonando tantas veces como sea necesario.

– Intentando ayudar a todos por medio de la corrección entre hermanos cuando alguien se equivoque en su camino.

– Sintiéndose unidos en la oración común porque en ese momento Dios está presente de un modo muy especial.

– Evitando el abuso de autoridad. Cualquier autoridad dentro de la comunidad de los discípulos debe ser distinta de la autoridad en otros ámbitos. El modelo siempre es el amor de Jesús: «el que quiera ser grande debe ser vuestro servidor»; «no he venido a ser servido sino a servir».

– Manteniendo siempre la unidad.

– Cuidando unos de otros y entregándose como Jesús lo hizo.

– Amándose unos a otros con el mismo amor que cada discípulo ha recibido de Jesús.

Este grupo que Jesús reunió y fundó es el germen de tantas comunidades de cristianos repartidos hoy por todo el mundo y que forman la Iglesia.

PUEBLO DE DIOS

La Iglesia, a pesar de momentos de infidelidad, ha intentado ser fiel a lo que Jesús quería. Uno de los acontecimientos recientes que más ha contribuido a la renovación de la Iglesia ha sido el Concilio Vaticano II.

1. Lee esta información y elabora una ficha que contenga estos datos: qué es un concilio ecuménico; cuál ha sido el último que se ha celebrado; papa que lo convocó.

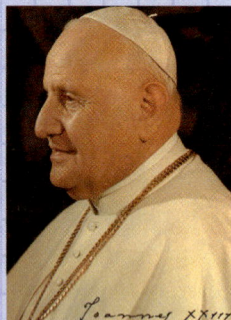

Un concilio ecuménico [universal] representa la reunión de todos los obispos convocados por el papa para tratar de determinados asuntos. Es la más alta autoridad de la Iglesia. El último que se ha celebrado ha sido el Concilio Vaticano II.

En 1958 fue elegido papa Juan XXIII. Ante la sorpresa general, convocó un concilio con la intención de adaptar la Iglesia a las nuevas necesidades quitándole cierto "polvo imperial" que arrastraba del pasado.

Se cuenta que un día le preguntaron por qué convocaba un nuevo concilio. Juan XIII se acercó a una ventana, la abrió de par en par y dijo: «Esto es lo que quiero, que entre aire nuevo a la Iglesia».

2. En el Concilio Vaticano II la Iglesia reflexiona sobre sí misma, y esta reflexión se plasma sobre todo en un documento titulado *Lumen gentium* (*Luz de las gentes*).

   – Lee el documento y relaciona las conclusiones con frases concretas del documento. ¿Qué nombre se da a la Iglesia? ¿Cuál es la "ley" de la Iglesia? ¿Por qué?

   – ¿Qué aspectos de los que hemos estudiado en el apartado anterior aparecen en este texto del Vaticano II?

Texto conciliar

Fue voluntad de Dios salvar a los hombres no aisladamente sino constituyendo un pueblo. Por ello eligió al pueblo de Israel, pactó una alianza con él y le reveló su voluntad a través de la historia de ese pueblo. Esto sucedió como preparación e imagen de la alianza nueva y perfecta que había de pactarse con Cristo.

Este nuevo pacto lo estableció Cristo convocando a un pueblo de judíos y gentiles que se unificara en el Espíritu y constituyera el nuevo pueblo de Dios.

Este nuevo pueblo tiene por cabeza a Cristo. Todos sus miembros son hijos de Dios. Tienen por ley el nuevo mandato de amor como Cristo nos amó. Y tienen por fin extender el reino de Dios hasta el fin de los tiempos.

Cristo, que lo instituyó para ser comunión de vida de caridad, se sirve de él para llevar el mensaje de salvación a todo el universo como luz del mundo y sal de la tierra.

El carácter sagrado de esta comunidad se manifiesta en los sacramentos.

Lumen gentium, 9-11 (selección).

Conclusiones

- Dios quiere salvar a los hombres.
- Esta salvación la realiza reuniéndolos.
- Durante siglos reunió al pueblo de Israel como preparación de la Iglesia.
- Jesús crea un nuevo pueblo: la Iglesia.
- En ese nuevo pueblo todos son hijos de Dios y se aman como Cristo los amó.
- Ese nuevo pueblo tiene la misión de extender el mensaje de Jesús.
- En ese nuevo pueblo se celebran los sacramentos.

El Concilio Vaticano II

El Concilio Vaticano II es sin duda el acontecimiento más importante de la Iglesia del siglo XX. Durante tres años (1962-1965), los 2 500 padres conciliares (obispos, sobre todo) se esforzaron en darle un nuevo rostro a la Iglesia.

Era la primera vez que se reunían tantos representantes de la Iglesia de todo el mundo. Los europeos eran solo la tercera parte. Además se invitó a protestantes y ortodoxos. Los medios de comunicación siguieron con gran interés el Concilio.

Los documentos del Concilio contienen: cuatro constituciones, en las que se manifiesta con claridad la nueva comprensión que la Iglesia tiene sobre sí misma; nueve decretos; y tres declaraciones.

Tras el Concilio se inició una serie de cambios importantes en la vida de la Iglesia. Además de abandonar el latín en las celebraciones, utilizando las lenguas de cada país, la Iglesia, en general, se abrió mucho más al mundo y a la sociedad, especialmente a los más pobres y necesitados.

NANDO, *Historia de la Iglesia*. Madrid, Paulinas.

¡SPRAYS DE REJUVENECIMIENTO! ¡CREMAS HIDRATANTES! ¡ELIXIR DE LA JUVENTUD!…

CONCILIO VATICANO II

La Iglesia del Vaticano II

El Concilio renovó la imagen de la Iglesia de cara a sí misma y de cara al mundo.

- **Ante sí misma,** la Iglesia aparece como pueblo de Dios. En los documentos del Concilio se presenta un modelo de Iglesia centrado en la comunión con Dios y con las personas, frente a los modelos anteriores que se centraban más en la autoridad y el poder.

  La noción clave de este nuevo modelo es la de Iglesia como Pueblo de Dios. De este modo se subraya mucho más la conciencia y la dimensión comunitaria. Todos somos hermanos dentro de esa comunidad, reunidos y amados por Jesús, que es el centro de la misma.

- **Ante el mundo,** la Iglesia no se limita a anunciar el evangelio desentendiéndose de los problemas que tenemos las personas.

  El Concilio enseña que la Iglesia se siente absolutamente solidaria y cercana a todos los sufrimientos y las alegrías de los hombres y mujeres de nuestro tiempo.

  La Iglesia mira al mundo y a la sociedad con amor, reconociendo todo lo que hay de bueno en ella, criticando las injusticias y, sobre todo, trabajando junto a todos aquellos que luchan por mejorar nuestro mundo.

A C T I V I D A D

Observa las imágenes de esta página. Están relacionadas con el Concilio Vaticano II.

- ¿Quién puede ser el personaje que abre la ventana? ¿A qué anécdota o hecho hace referencia la imagen?
- ¿Qué crees que quiere decir el dibujante en la imagen de la parte superior?

▲ ORGANIZACIÓN Y PRÁCTICA RELIGIOSA

1. Observa el mapa de la división eclesiástica de España. Comprueba que ni todas las diócesis coinciden con las provincias ni las provincias eclesiásticas coinciden con las comunidades autónomas.

– Localiza tu diócesis. ¿Qué otras diócesis hay en tu provincia eclesiástica?

– ¿Cuántas diócesis hay en tu comunidad autónoma? ¿Y en todo el Estado español?

- ■ Sede de diócesis
- Límite de diócesis
- Límite provincial eclesiástico

2. Observa estos datos sobre la práctica y creencia religiosa de los jóvenes en España. ¿Qué es lo que más te llama la atención? ¿Qué opinas sobre la confianza en las instituciones?

Asistencia a misa		Creencias religiosas		Confianza en instituciones	
Más de una vez a la semana	1	Dios	65	Sistema de enseñanza	63
Una vez a la semana	11	Vida después de la muerte	43	Prensa	44,2
Una vez al mes	9	Infierno	21	Parlamento autonómico	36,9
En festividades concretas	14	Cielo	34	Sindicatos	36,2
En ocasiones concretas	10	Pecado	36	Fuerzas Armadas	35,6
En ocasiones comprometidas	8	Resurrección muertos	24	Parlamento del Estado	34,1
Prácticamente nunca	53	Reencarnación	27	Iglesia	28,6

FUNDACIÓN SANTA MARÍA: *Jóvenes españoles 99*. Madrid, SM.

La organización de la Iglesia en España

En España existen 67 diócesis. No siempre las diócesis coinciden con las provincias. Así, por ejemplo, la provincia de Salamanca tiene dos diócesis, Salamanca y Ciudad Rodrigo.

Las diócesis se agrupan en provincias eclesiásticas que no siempre coinciden con las comunidades autónomas.

La reunión de todos los obispos de España se llama Conferencia Episcopal, con sede en Madrid. Cada tres años los obispos votan al presidente de la Conferencia, que puede ser reelegido.

La Conferencia Episcopal tiene la misión de ayudar a la tarea de los obispos en las diócesis y de mantener una cierta unidad de la Iglesia en España proporcionando orientaciones para sus diferentes actividades.

La parroquia, unidad básica de la Iglesia

La unidad básica de la Iglesia en España la constituye la parroquia. En torno a ella se articula la vida de la comunidad cristiana. En ella tienen lugar las celebraciones litúrgicas y los sacramentos, así como las actividades de catequesis. Las parroquias también se han convertido en un importante centro de ayuda a los necesitados.

Además de las parroquias, la Iglesia en España promueve otras muchas obras para hacerse presente en la sociedad, muchas de ellas animadas por los religiosos y las religiosas. Los centros educativos es una de las más importantes, así como la dedicación a los enfermos. Otro de los capítulos importantes es la acción caritativa y social, por medio, sobre todo, de Cáritas.

La vida de la Iglesia en España

Resulta siempre difícil medir la vitalidad de una asociación tan peculiar como la Iglesia. Poco más de una cuarta parte de la población asiste a la eucaristía los domingos, y se calcula que hay más de tres millones de personas comprometidas en las diferentes asociaciones y actividades de la Iglesia, desde la catequesis hasta los trabajos de acción social.

Sin embargo, la vida de la Iglesia no se puede medir solo numéricamente. Su tarea fundamental es anunciar el evangelio de Jesús y promover comunidades cristianas donde los creyentes puedan vivir su fe.

En otros tiempos de la historia de España, el número de personas que practicaban la religión era mayor. Hoy vivimos en una sociedad pluralista donde conviven los creyentes junto con otros muchos que no lo son, sin que esto signifique discriminación de ningún tipo para nadie.

La Iglesia procura hacer presente el mensaje de Jesús para que todos aquellos que lo deseen lo acepten en su vida con absoluta libertad.

KANDINSKY, *Iglesia de pueblo.*

En torno a la parroquia se articula la vida de la comunidad cristiana.

UNA IGLESIA JOVEN

La juventud de unos ancianos

Con un cerrado aplauso se clausuró en Roma el Concilio Vaticano II

(CIUDAD DEL VATICANO, 8 de diciembre de 1965)

Los artistas, las mujeres, los trabajadores, los pobres y los jóvenes de todo el mundo, entre otros colectivos, han recibido unas emotivas palabras de aliento de los 2 500 padres conciliares que esta mañana han clausurado el Concilio.

La imagen que daban los obispos era más bien la de un colectivo de personas mayores, muchos de ellos auténticos ancianos que, sin embargo, han conectado con el mundo juvenil.

«La Iglesia, durante cuatro años, ha trabajado para rejuvenecer su rostro, para responder mejor a los designios de su fundador, Cristo, eternamente joven», decían los padres conciliares en su mensaje a los jóvenes.

Para los jóvenes alumbró la Iglesia el Concilio porque «la Iglesia está preocupada por que esa sociedad que vais a construir respete la dignidad, la libertad, el derecho de las personas, y esas personas son las vuestras».

La Iglesia os mira con confianza y amor

Las últimas palabras son de confianza: «La Iglesia os mira con confianza y amor. Miradla y veréis en ella el rostro de Cristo».

El papa Juan Pablo II ha mantenido a lo largo de su pontificado numerosos encuentros con los jóvenes, algunos de ellos en nuestro país, como el que tuvo lugar en Santiago de Compostela.

Mensaje a los jóvenes

«Finalmente es a vosotros, jóvenes de uno y otro sexo del mundo entero, a quienes el Concilio quiere dirigir su último mensaje. Porque sois vosotros los que vais a recibir la antorcha de manos de vuestros mayores y a vivir en el mundo en el momento de las más gigantescas transformaciones de su historia.

Sois vosotros los que, recogiendo lo mejor del ejemplo y de las enseñanzas de vuestros padres y de vuestros maestros, vais a formar la sociedad del mañana; os salvaréis o pereceréis con ella.

La Iglesia está preocupada porque esa sociedad que vais a construir respete la dignidad, la libertad, el derecho de las personas, y esas personas son las vuestras.

En el nombre de este Dios y de su Hijo, Jesús, os exhortamos a ensanchar vuestros corazones a las dimensiones del mundo, a escuchar la llamada de vuestros hermanos y a poner ardorosamente a su servicio vuestras energías.

Luchad contra todo egoísmo. Negaos a dar libre curso a los instintos de violencia y de odio, que engendran las guerras y su cortejo de males. Sed generosos, puros, respetuosos, sinceros. Y edificad con entusiasmo un mundo mejor que el de vuestros mayores.»

Concilio Vaticano II

No me gustan los beatos

«No me gustan los beatos.
Los que creen
que son de la gracia,
porque no tienen fuerza
para ser de la naturaleza.

Los que creen
que están en lo eterno,
porque no tienen
el coraje de lo temporal.

Los que creen
que están con Dios,
porque no están con el hombre.

Los que creen que aman a Dios,
porque no aman a nadie.»

Charles PÉGUY

SED GENEROSOS

EDIFICAD UN MUNDO MEJOR

RECHAZAD LA VIOLENCIA

CONSTRUID CON VALENTÍA

ANALIZA

1. Selecciona del mensaje del Concilio Vaticano II a los jóvenes las tres frases que más te llaman la atención e indica por qué las has elegido.

2. ¿Crees que la Iglesia hoy tiene algo que decir a la juventud del siglo XXI? ¿Por qué sí o por qué no?

3. ¿Conoces alguna asociación juvenil que esté de alguna manera relacionada con la Iglesia? ¿De qué se ocupa?

4. Péguy es un poeta francés del siglo XX. ¿Qué opinas de lo que dice en el poema?

5. ¿Qué te llama la atención de la página del diario de ese joven sacerdote?

'Haced con los demás lo mismo que he hecho con vosotros'

«La primera sorpresa del día la he recibido antes de levantarme.»

«Apenas había amanecido cuando recibí la llamada de mi madre, que con voz alegre y un poco emocionada me felicitaba por mi veintisiete cumpleaños. Me habló de mi nacimiento, que tuvo lugar al amanecer de un día frío del mes de febrero, y me agasajó con los mejores piropos de madre.

Pero la mayor sorpresa la recibí en la parroquia. Al igual que todos los días, lo primero que hice fue acercarme a la iglesia para hacer un rato de oración. Aparentemente, todo estaba en calma, pero ese domingo, al salir al altar para celebrar la eucaristía, comenzó a sonar el órgano de la iglesia y el coro de la parroquia entonó una de las canciones que más me llegan al corazón.

Apenas llevo dos años de párroco en este pequeño pueblo y me siento como uno más de la familia que formamos todos los que aquí vivimos.

He visto nacer a algunos niños, pocos es cierto, y he visto morir a varias personas. Cada nacimiento y cada muerte los he vivido como si fueran de mi propia familia. Unos, mediante el bautismo, nacen a la fe; otros, al dejar este mundo, vuelven al Padre. Y en todo ese caminar siento que es Jesús quien nos acompaña, es él quien me acompaña.

Sé que soy joven, que apenas hace dos años que recibí el sacramento del orden. Por eso pido a Dios, especialmente hoy, que yo nunca me olvide de hacer por los demás lo que Jesús ha hecho por mí.»

SÍNTESIS

JESÚS

↓

llama

↓

DISCÍPULOS

↓

IGLESIA
- Comunidad de hermanos
- Seguidores de una persona, no de ideas

↔ **AMOR · SERVICIO · PERDÓN · UNIDAD** ↔ **CONCILIO VATICANO II**

Iglesia
→ Pueblo de Dios
→ Cercana a los sufrimientos y esperanzas de las personas

Siglo I ————————————————————— Siglo XX

ORGANIZACIÓN

DIÓCESIS

PARROQUIAS

Liturgia — Catequesis — Acción social — Acción educativa

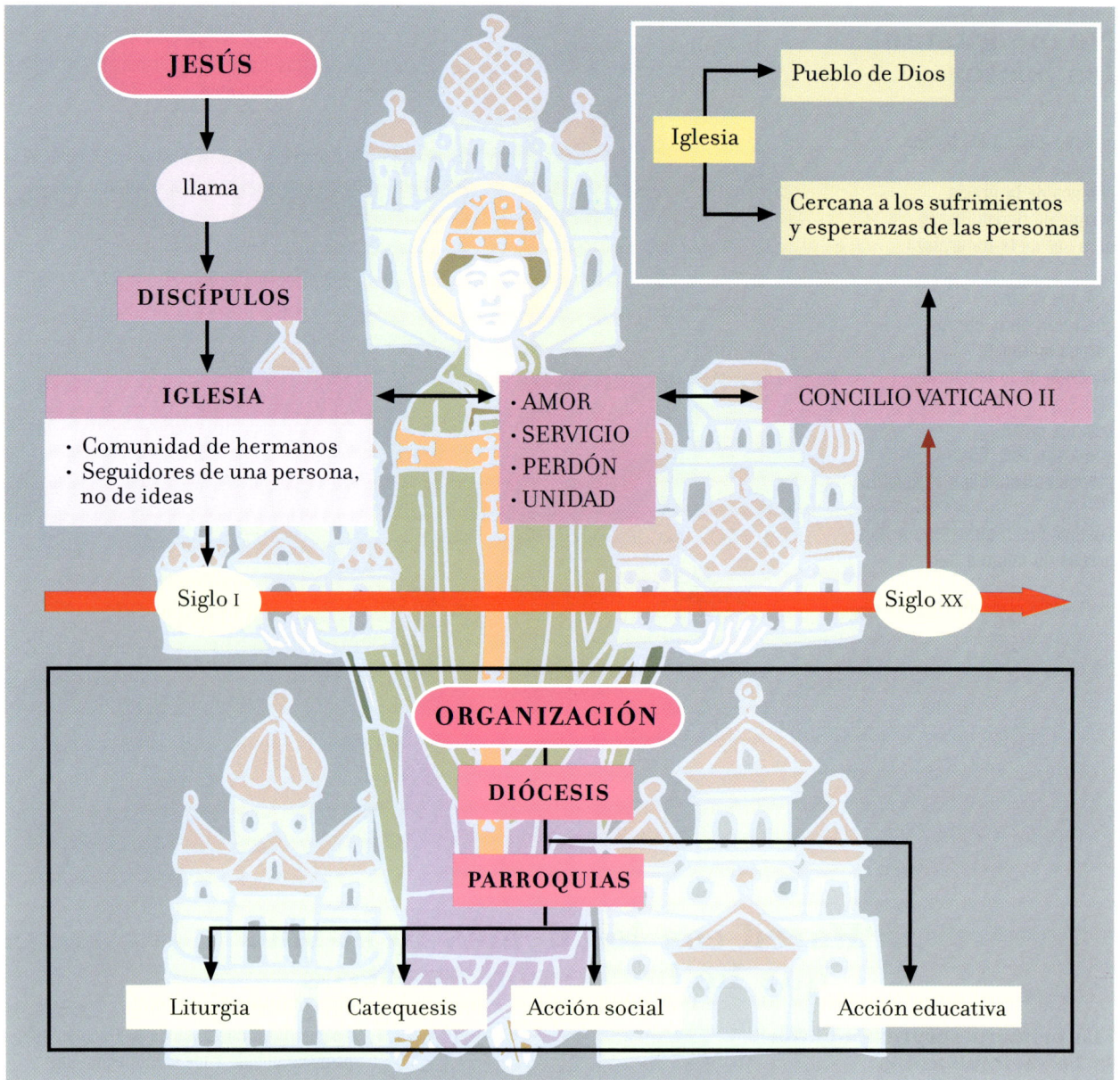

C O M P R U E B A   L O   Q U E   S A B E S

En el n.º 782 del *Catecismo de la Iglesia Católica* se ofrece una serie de características de la Iglesia como Pueblo de Dios. Relaciónalas con los contenidos del tema que acabamos de ver.

- *El Pueblo de Dios tiene características que le distinguen claramente de todos los grupos religiosos, étnicos, políticos o culturales de la historia:*
  - *Es el Pueblo de Dios: Dios no pertenece en propiedad a ningún pueblo.*
  - *Se llega a ser miembro de este cuerpo no por el nacimiento físico, sino por el «nacimiento de arriba», del «agua y del Espíritu» (Jn 3, 3-5).*
  - *Este pueblo tiene por jefe [cabeza] a Jesús el Cristo.*
  - *La identidad de este pueblo es la dignidad y la libertad de los hijos de Dios.*
  - *Su ley es el mandamiento nuevo: amar como el mismo Cristo nos amó.*
  - *Su misión es ser la sal de la tierra y la luz del mundo.*
  - *Su destino es el Reino de Dios, que él mismo comenzó en este mundo.*

1. Escribe un cuadro en grande como el que tienes a continuación. En la columna de la izquierda tienes varias citas del evangelio con referencia a palabras de Jesús. Lee los textos.

   – Escribe en la columna del centro cómo cumplieron en la Iglesia primitiva ese mandato de Jesús; y, en la columna de la derecha, cómo se lleva a cabo ese mandato en la Iglesia actual.

JESÚS	IGLESIA PRIMITIVA	IGLESIA ACTUAL
Mt 5, 13-16		
Mt 6, 24		
Mt 10, 5-10		
Mt 18, 15-21		
Mt 20, 24-28		
Lc 22, 19-21		

2. El número doce ha tenido un fuerte simbolismo en diversas culturas, también en la cristiana.

   – ¿Qué otros simbolismos conoces del número doce?

   • *Doce son los signos del Zodíaco.*

   • *Doce es el producto de los cuatro puntos cardinales por los tres planos del mundo.*

   • *Doce representa la multiplicación de los cuatro elementos (tierra, agua, aire y fuego) por los tres principios alquímicos (azufre, sal y mercurio).*

   • *El árbol de la vida tiene doce frutos.*

   • *Jacob tiene doce hijos, antepasados de las doce tribus del pueblo hebreo.*

   • *Jesús elige a doce discípulos.*

   • *La Jerusalén celestial del Apocalipsis (Ap 21, 12) tiene doce puertas, marcadas con el nombre de las doce tribus de Israel.*

   • *La mujer del Apocalipsis (Ap 12, 2) lleva una corona de doce estrellas.*

3. ¿A qué momento de la vida de Jesús se refiere esta imagen? ¿Sabrías localizar el texto bíblico?

ALLÍ JESÚS HIZO PRONTO AMISTAD CON UN GRUPO DE PESCADORES, HOMBRES SANOS DEL PUEBLO, CUANDO "PUEBLO" NO ERA TODAVÍA UN TÉRMINO FILOSÓFICO...

José Luis CORTÉS, *Un Señor como Dios manda.* Madrid, PPC.

4. Comenzando por la casilla donde se abren comillas y siguiendo el movimiento del caballo de ajedrez hasta donde se cierran las comillas, se formará una frase relacionada con el anuncio del evangelio.

   – Escribe el texto.

   – ¿Cuál es la misión de la Iglesia?

DE	GLE	Y	SIÓN	DO»
LUZ	MI	SAL	I	RRA
SIA	LA	DE	MUN	SER
«LA	DEL	ES	TIE	LA

Miguel Ángel TORRES: *Actividades para motivar en la clase de religión.* Madrid, PPC.

EN LA RED

www.vatican.va

Se trata de la página oficial de la Santa Sede o Vaticano. En ella encontrarás todo lo relativo a la Iglesia: textos, documentos, organización, etc.

espanol.geocities.com/rdivita_ar/

Aquí tienes una página dedicada a los doce apóstoles. En ella podrás encontrar datos sobre sus vidas, así como imágenes artísticas de ellos.

7

La vida de los primeros cristianos

Ya sabemos que tras la muerte de Jesús sus discípulos iniciaron la vida cristiana. Aquellos primeros cristianos vivían en un mundo totalmente distinto al nuestro, sin luz eléctrica, sin transportes mecánicos, con escasos medios de comunicación, y sin embargo consiguieron en poco tiempo hacerse presentes en la sociedad.

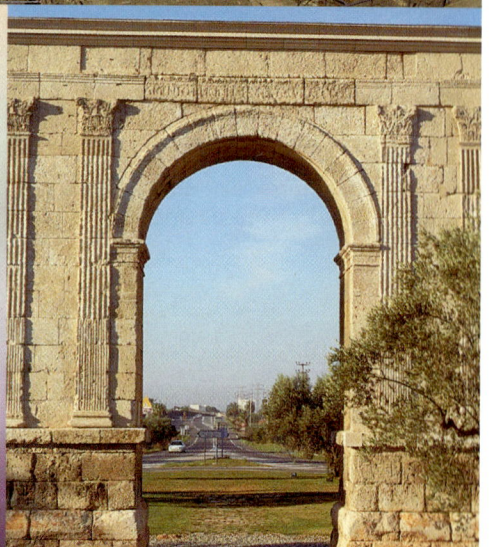

Romano moderno	Griego forma	Griego nombre	Cirílico	Hebreo forma	Hebreo nombre	Árabe forma	Árabe nombre
Aa	Aα	alfa	Aa	א	alef	ا	alif
Bb	Bβ	beta	Бб	ב	bet	ب	bā'
Cc	Γγ	gamma	Вв	ג	gimel	ت	tā'
Dd	Δδ	delta	Гг	ד	dálet	ث	ṭā'
Ee	Eε	epsilón	Дл	ה	he	ج	ŷim
Ff	Zζ	dseta	Ее	ו	waw	ح	ḥā'
Gg	Hη	eta	Ё	ז	zayn	خ	ja'
Hh	Θθ	zeta	Жж	ח	het	د	dal
Ii	Iι	iota	Зз	ט	ṭet	ذ	ḏal
Jj	Kκ	cappa	Ии Йй	י	yod	ر	rā'
Kk	Λλ	lambda	Кк	כ	kaf	ز	zā'
Ll	Mμ	mi	Лл	ל	lámed	س	sīn
Mm	Nν	ni	Мм	מ	mem	ش	šīn
Nn	Ξξ	xi	Нн	נ	nun	ص	ṣād
Oo	Oο	omicrón	Оо	ס	sámek	ض	ḍād
Pp	Ππ	pi	Пп	ע	ayn	ط	ṭā'
Qq	Pρ	rho	Рр	פ	pe	ظ	ẓā' o ḍā'
Rr	Σσς	sigma	Сс	צ	sade	ع	'ayn
Ss	Tτ	tau	Тт	ק	qof	غ	gayn
Tt	Yυ	ypsilón	Уу	ר	reš	ف	fā'
Uu	Φφ	fi	Фф	ש	šin	ق	qāf
Vv	Xχ	ji	Хх	שׂ	śin	ك	kāf
Ww	Ψψ	psi	Цц	ת	taw	ل	lām
Xx	Ωω	omega	Чч			م	mīm
Yy			Шш			ن	nūn
Zz			Щш			ه	hā'
			Ъъ			و	wāw
			Ьь			ي	yā'
			Ыы				
			Ээ				
			Юю				
			Яя				

Dios Apolo.

Diosa Minerva.

Analiza el texto y las imágenes

1. Observa con atención las imágenes de estas dos páginas.

- Imagínate que te trasladas a una ciudad del Mediterráneo del siglo I. ¿Qué cosas de las que aparecen en la página de la izquierda te podrías encontrar y cuáles no?

- Observa las imágenes de los dioses de esta página. ¿Sabes algo de cada uno de ellos? ¿Qué religión practicaba en aquel tiempo la mayoría de los habitantes del Mediterráneo? ¿En qué dios o dioses creían?

2. Fíjate en los cinco alfabetos utilizados por distintas lenguas. ¿Conoces algo sobre cada uno de ellos? ¿Qué alfabeto sería el más utilizado en la sociedad del siglo I? ¿Y el que menos?

Diosa Cibeles.

QUÉ BUSCAMOS

En el capítulo anterior hemos recordado cómo Jesús convocó a una grupo con el que compartió su vida y al que dio orientaciones sobre cómo tenían que vivir.

Este grupo, que en un primer momento fue muy pequeño, se fue desarrollando y extendiendo por el mundo. En este tema queremos estudiar cómo se constituyó este grupo y cómo fue su vida hasta el siglo IV.

CÓMO LO HAREMOS

- Comenzaremos estudiando lo que se dice sobre la formación de la Iglesia en el libro Hechos de los Apóstoles, lo que llamamos *la vida de la Iglesia primitiva*.

- Después veremos la expansión del cristianismo desde Jerusalén hasta Roma, la capital del Imperio, durante los tres primeros siglos.

El ideal de los cristianos

La vida de la comunidad primitiva que se presenta en los Hechos de los Apóstoles parece ser un ideal que no siempre se alcanzó plenamente. No obstante, podemos hacernos una idea de lo que pretendían los primeros cristianos y de cuál era el espíritu y la ilusión que los animaba. Su ideal debe seguir siendo siempre el ideal de la Iglesia.

Tal y como se describe en el libro de los Hechos de los Apóstoles, la vida de la primera comunidad podemos agruparla en tres apartados:

a) En el interior de la comunidad: la comunión. La unión de los cristianos es fruto de la fe en Jesús: todos se sienten hermanos, comparten los bienes y viven unidos.

b) En su relación con Dios: la oración, los ritos y las celebraciones. Oraban en las casas y en el templo. Entre las celebraciones destaca la "fracción del pan" (la eucaristía) que tenía lugar en las casas.

c) En su actividad hacia fuera: la misión. Eran conscientes de que el evangelio había que proclamarlo y se dedicaban a la predicación.

La Última Cena (mosaico del siglo VI, detalle).

HOMBRES LLENOS DE SABIDURÍA

Conforme el número de cristianos fue creciendo se hizo necesario encargar muchas responsabilidades a otras personas. Es el caso que se narra en este texto.

1. ¿Cuál es el problema que plantean los helenistas? (Se llamaba *helenistas* a los judíos de lengua griega que procedían de ciudades de fuera de Palestina donde no se hablaba hebreo sino griego.)

2. ¿Cómo reaccionan los Doce? ¿Cuál es el servicio que ellos no quieren dejar porque lo consideran el más importante?

3. ¿Para qué servicio buscan a estas personas? ¿Cómo las eligen?

4. ¿Qué gesto o rito utilizan los apóstoles para nombrarlas?

Esteban reparte limosna.

Por aquellos días, debido a que el grupo de los discípulos era muy grande, los creyentes de origen helenista murmuraron contra los de origen judío, porque sus viudas no eran bien atendidas en el suministro cotidiano. Los Doce convocaron al grupo de los discípulos y les dijeron:

—No está bien que nosotros dejemos de anunciar la palabra de Dios para dedicarnos al servicio de las mesas. Por tanto, elegid de entre vosotros, hermanos, siete hombres de buena reputación, llenos de Espíritu Santo y de sabiduría, a los cuales encomendaremos este servicio, para que nosotros podamos dedicarnos a la oración y al ministerio de la palabra.

La proposición agradó a todos, y eligieron a Esteban, hombre lleno de fe y del Espíritu Santo, y a Felipe, Prócoro, Nicanor, Timor, Parmenas y Nicolás, prosélito de Antioquía. Los presentaron ante los apóstoles, y ellos, después de orar, les impusieron las manos.

(Hch 6, 1-6)

Necesidad de servicios

Al principio, todas las responsabilidades y servicios dentro de la comunidad correspondían directamente a los apóstoles. Cuando las comunidades crecen y se multiplican, ellos no pueden atender a todo y van nombrando a otras personas para que asuman determinados servicios.

Estos nuevos servicios "nacen" siempre de los apóstoles: son ellos los que les dan legitimidad. Muy a menudo utilizan el rito de imponer las manos para responsabilizarles de esa misión.

Desde muy pronto, a esos servicios se los llamó *ministerios*, palabra latina que significa precisamente "servicio".

NANDO, *Historia de la Iglesia*. Madrid, Paulinas.

Los servicios principales

Los dos principales servicios que necesitaba la comunidad eran:

– El ministerio de la Palabra, es decir, de la predicación del evangelio y de la vigilancia de que el evangelio que se predicaba era el de Jesús.

– El ministerio de presidir la comunidad y de servirla en sus necesidades espirituales y materiales.

En el ministerio de la Palabra el papel de los Doce es fundamental: ellos son los que predican y los que nombran a otros para que lo hagan en su nombre, velando siempre por que esa predicación sea la de Jesús. Conforme van surgiendo nuevas comunidades, son los apóstoles también los que nombran a quien debe presidir esa nueva comunidad.

Dentro de los apóstoles, a Pedro se le reconoce desde el principio un lugar preeminente. Es él quien asume la representación de la Iglesia.

Variedad de servicios

Además de esos dos ministerios existe en las primeras comunidades una gran diversidad de servicios que van surgiendo según las circunstancias lo vayan pidiendo (encargados de recoger las colectas, enviados especiales para predicar en determinados lugares o para transmitir mensajes de los apóstoles, profetas, doctores, etc.).

En la Iglesia primitiva existieron numerosos ministerios, que no fueron los mismos en todas las comunidades, sino que cada una de ellas trató de adaptarlos a sus propias necesidades.

Al final del siglo I parece que se van definiendo tres ministerios más estructurados en las comunidades: el obispo, los presbíteros y los diáconos.

Todos esos ministerios y servicios tienen su ideal en la conducta de Jesús con sus discípulos: toda autoridad dentro de la Iglesia es un servicio a la comunidad y no debe parecerse en nada a las autoridades de los otros ámbitos de la vida.

ACTIVIDADES

❶ Observa las dos viñetas que ilustran esta página. Intenta relacionarlas con lo que acabamos de estudiar y luego pon un título a cada una.

❷ ¿Cuáles crees que deben ser hoy los servicios principales que deben atender los cristianos?

« N O S   S A L V A M O S   P O R   L A   G R A C I A   D E   J E S Ú S »

1. La unión que existía entre los primeros cristianos no impedía que existieran conflictos. Pero estos se afrontaban con claridad en busca de soluciones.

   – Lee el texto de la columna de la izquierda. Para comprender bien el conflicto que se plantea, trata de responder a las preguntas que se hacen en la columna de la derecha.

[Pablo y Bernabé] regresaron por mar a Antioquía de Siria y contaron todo lo que había hecho Dios por medio de ellos, y cómo había abierto a los paganos la puerta de la fe *(Hch 14, 26a.27b)*	Busca en el mapa de la página 96 Antioquía. ¿Está en territorio judío?
Algunos que habían bajado de Judea enseñaban a los hermanos: —Si no os circuncidáis según la tradición de Moisés, no podéis salvaros *(Hch 15, 1)*	– ¿Qué práctica quieren imponer a los cristianos de Antioquía? ¿Era una práctica judía o cristiana?
Este hecho provocó un altercado y una fuerte discusión de Pablo y Bernabé contra ellos. Debido a ello, determinaron que Pablo, Bernabé y algunos otros subieran a Jerusalén, para tratar esta cuestión con los apóstoles y demás responsables *(Hch 15, 2)*	– ¿Quiénes se oponen a ello? – ¿A quién deciden consultar y por qué?
Al llegar a Jerusalén, fueron recibidos por la iglesia, los apóstoles y demás responsables, y les contaron todo lo que Dios había hecho por medio de ellos. Pero algunos de la secta de los fariseos, que se habían hecho creyentes, intervinieron diciendo que era necesario circuncidar a los convertidos y obligarlos a cumplir la ley de Moisés *(Hch 15, 4-5)*	– ¿Por qué crees que los fariseos también opinan como los que habían bajado de Judea a Antioquía?
Entonces los apóstoles y demás responsables se reunieron para estudiar este asunto *(Hch 15, 6)*	– ¿Por qué son los apóstoles y los responsables los que se reúnen?
Tras una larga discusión se levantó Pedro y les dijo: —¿Por qué queréis ahora poner a prueba a Dios, tratando de imponer a los discípulos un yugo que ni nosotros ni nuestros antepasados hemos podido soportar? Nosotros, en cambio, creemos que nos salvamos por la gracia de Jesús, el Señor; y ellos, exactamente igual *(Hch 15, 7a.10.11)*	– ¿Por qué es Pedro el que toma la palabra? – ¿Qué es lo que realmente importa para salvarse?
Los apóstoles y demás responsables, de acuerdo con el resto de la comunidad, les enviaron la siguiente carta: «Hemos decidido el Espíritu Santo y nosotros no imponeros otras cargas más que las indispensables: que os abstengáis de lo sacrificado a ídolos, de sangre, de carne de animales estrangulados y de matrimonios ilegales. Haréis bien en guardaros de todo esto. Que os vaya bien» *(Hch 15, 22a.28-29)*	– ¿Qué tiene que ver la referencia al Espíritu Santo? – ¿Qué les comunican a los de Antioquía?

2. En los Hechos de los Apóstoles se narran las primeras persecuciones que sufrieron tanto los apóstoles como otros miembros de la comunidad de los discípulos de Jesús. Lee *Hch 5, 17-42* y responde a estas preguntas:

   – ¿Qué autoridad es la que encarcela a los apóstoles y la que quiere condenarles?

   – ¿Cuál es el motivo? ¿De qué les acusan?

   – ¿Cuál es, sin embargo, la actitud del pueblo?

   – ¿Cuál es la razón que dan los apóstoles para seguir predicando? ¿De qué son testigos?

Un conflicto serio

En un primer momento todos los cristianos procedían del judaísmo. Pero cuando la predicación llega a las ciudades, los que se convierten al cristianismo ya no son judíos sino paganos.

El problema queda planteado: ¿hay que obligar a los convertidos del paganismo a que practiquen previamente las leyes judías como la circuncisión? Lógicamente, los cristianos de Jerusalén representados por Santiago, todos judíos de origen, eran partidarios de ello, mientras que Pablo y Bernabé, que habían evangelizado tierras paganas, defendían la independencia del cristianismo con respecto al judaísmo.

La asamblea de Jerusalén

Para solucionar el conflicto hay que acudir a los apóstoles, que son los encargados de que la predicación sea la auténtica de Jesús. Pedro, una vez más, como responsable de la comunidad toma la palabra en representación de los apóstoles y de los responsables de las comunidades: lo que realmente salva es la gracia de Jesús, es decir, la fe en Jesús y la relación con él, no el cumplimiento de ninguna ley. Pedro insiste: también los paganos han recibido el Espíritu Santo.

Santiago, como responsable de la comunidad de Jerusalén, apoya la resolución. Los apóstoles, los responsables y toda la comunidad reunida deciden enviar una delegación a Antioquía para tranquilizar a los hermanos. En la carta que les envían hacen una referencia explícita al Espíritu Santo. Tal y como les había prometido Jesús, el Espíritu Santo les ayudaría para ser fieles a su mensaje. El tiempo de la Iglesia es el tiempo de Espíritu.

Lo que estaba en juego

Tras la asamblea de Jerusalén la Iglesia consigue tres cosas muy importantes:

– Los cristianos no son una "secta" dentro del judaísmo.

– Lo que realmente importa no es cumplir normas y leyes, sino la fe en Jesús, el único que salva.

– La salvación es para todos los pueblos de la tierra.

La obra de esta asamblea, en lugar de añadir nuevas reglas, lo que hizo fue eliminarlas.

NANDO, *Historia de la Iglesia*. Madrid, Paulinas.

Perseguidos por el poder judío

Las primeras dificultades que tuvieron los cristianos fueron precisamente con el poder religioso judío. El sumo sacerdote y el sanedrín no podían permitir que se pusiera en crisis su enseñanza al anunciar que Jesús era el Mesías y que había resucitado, y que el Espíritu prometido desde los profetas había sido enviado.

Sobre todo los apóstoles y algunos otros ministros, como Esteban, sufrieron las acusaciones del poder religioso judío ayudado por algunos seguidores radicales como los saduceos y algunos fariseos.

Sin embargo, no debemos pensar que los cristianos vivían en constante estado de persecución. Esta se desencadenaba cada cierto tiempo cuando el poder religioso judío veía extenderse la nueva doctrina.

ACTIVIDAD

Observa las dos viñetas que ilustran esta página. Intenta relacionarlas con lo que acabamos de estudiar y luego pon un título a cada una de ellas.

VIAJERO Y MISIONERO

1. Pablo de Tarso, también llamado Saulo, es uno de los principales protagonistas de la expansión del cristianismo durante el siglo I. Por eso vamos a conocer algo más del perfil de este personaje.

- Lee la información sobre Pablo y su entorno social que tienes a continuación.

- Lee el relato de la conversión de Pablo tal como lo narra el libro de los Hechos de los Apóstoles (Hch 9, 1-19).

- Con toda esta información haz un pequeño esquema de la vida de Pablo antes de su conversión (educación, ciudadanía, lugar de origen, actividad, etc.).

> **Pablo.** Llamado también Saulo. Era ciudadano romano, por haber nacido en Tarso de Cilicia. Era judío por familia y por educación, y discípulo del rabino Gamaliel. Buen conocedor de la cultura griega. Estricto cumplidor de la ley judía, fanático e intolerante, persiguió a los cristianos. Tras su conversión, se consideró apóstol (Rom 11, 13) y predicó a Jesús incansablemente en sus innumerables viajes. Fue llevado prisionero a Roma y allí murió mártir con san Pedro, según la tradición, entre los años 64 y 68. Es autor de varias cartas del NT. Se le representa con una espada en la mano.
>
> *Biblia didáctica*. Madrid, SM/PPC.

2. En los Hechos de los Apóstoles se narran tres viajes misioneros que Pablo realizó por Asia Menor y Grecia, más el viaje en que fue conducido preso a Roma.

- En el mapa tienes señalados los itinerarios de cada viaje y las fechas en que Pablo los realizó. En un recuadro (ángulo inferior izquierdo), las citas del libro de los Hechos donde se narran esos viajes. Escoge alguno de ellos, léelo y sigue el recorrido en el mapa.

- Completa el esquema sobre Pablo que hiciste en la propuesta anterior.

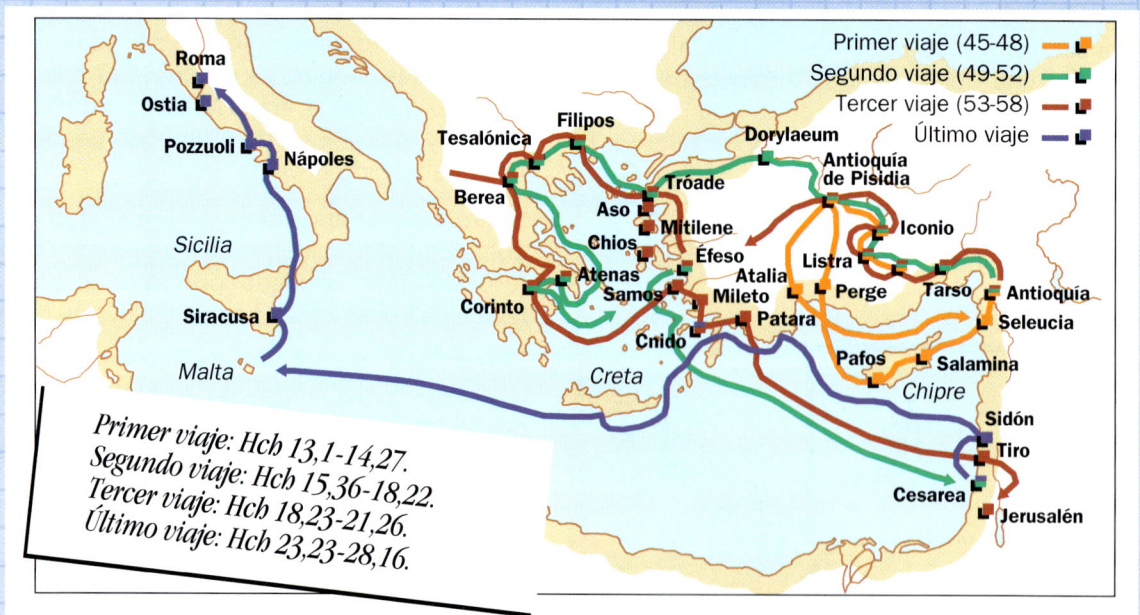

Primer viaje (45-48)
Segundo viaje (49-52)
Tercer viaje (53-58)
Último viaje

Primer viaje: Hch 13,1-14,27.
Segundo viaje: Hch 15,36-18,22.
Tercer viaje: Hch 18,23-21,26.
Último viaje: Hch 23,23-28,16.

Biblia didáctica. Madrid, SM/PPC.

3. El mapa contiene las tres grandes etapas de la expansión de la Iglesia durante el siglo I. En los recuadros colocados sobre el mapa encontrarás: el itinerario de las etapas y las fechas en que se realizaron; las citas de los capítulos y versículos del libro de los Hechos donde se narran esos sucesos; finalmente, unos pequeños titulares que recogen los hechos más significativos.

– Con esta información elabora una síntesis de la expansión del cristianismo durante el siglo I.

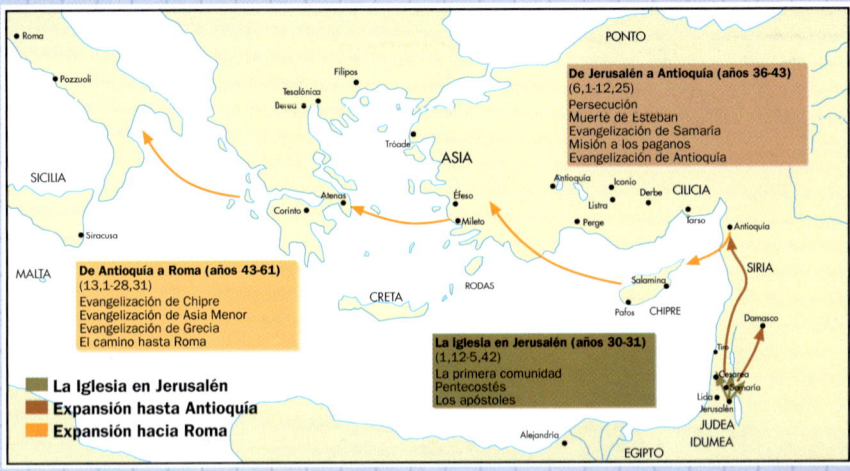

La Iglesia en Jerusalén (años 30-31)
(1,12-5,42)
La primera comunidad
Pentecostés
Los apóstoles

De Jerusalén a Antioquía (años 36-43)
(6,1-12,25)
Persecución
Muerte de Esteban
Evangelización de Samaría
Misión a los paganos
Evangelización de Antioquía

De Antioquía a Roma (años 43-61)
(13,1-28,31)
Evangelización de Chipre
Evangelización de Asia Menor
Evangelización de Grecia
El camino hasta Roma

■ La Iglesia en Jerusalén
■ Expansión hasta Antioquía
■ Expansión hacia Roma

Biblia didáctica.
Madrid, SM/PPC.

4. Relaciona estos acontecimientos de la vida de la Iglesia con lo que hemos estudiado.

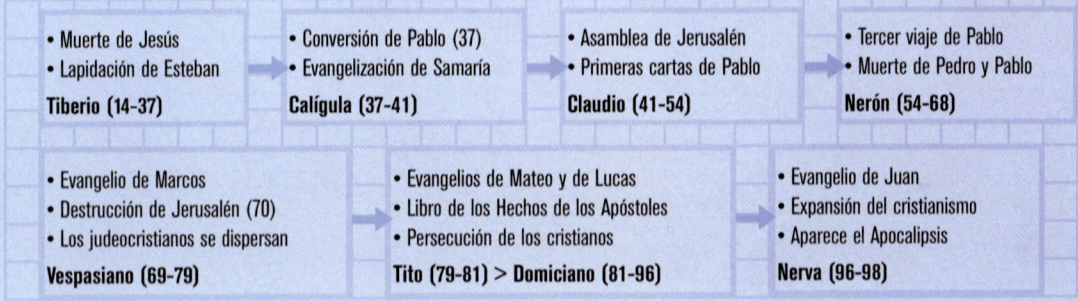

- Muerte de Jesús
- Lapidación de Esteban

Tiberio (14-37)

- Conversión de Pablo (37)
- Evangelización de Samaría

Calígula (37-41)

- Asamblea de Jerusalén
- Primeras cartas de Pablo

Claudio (41-54)

- Tercer viaje de Pablo
- Muerte de Pedro y Pablo

Nerón (54-68)

- Evangelio de Marcos
- Destrucción de Jerusalén (70)
- Los judeocristianos se dispersan

Vespasiano (69-79)

- Evangelios de Mateo y de Lucas
- Libro de los Hechos de los Apóstoles
- Persecución de los cristianos

Tito (79-81) > Domiciano (81-96)

- Evangelio de Juan
- Expansión del cristianismo
- Aparece el Apocalipsis

Nerva (96-98)

El siglo I, de Jerusalén a Roma

Las comunidades cristianas no se cerraron sobre ellas mismas, sino que se abrieron a los demás. Los cristianos eran conscientes de que el evangelio había que propagarlo. Por eso elegían a algunos miembros de la comunidad, les imponían las manos y los enviaban a otros lugares. Entre los misioneros más notables de los que nos habla el libro de los Hechos están Pablo, Bernabé, Juan Marcos, Apolo, Priscila, etc., pero fueron muchos más los que caminaron de ciudad en ciudad fundando comunidades y atendiendo a las que ya existían.

Los misioneros provenían de la religión judía y, como judíos, acudían a las sinagogas para anunciar el evangelio y apoyar su predicación en lo que decían los profetas.

El primer núcleo cristiano tuvo su centro en Jerusalén. Después, debido principalmente a las persecuciones que sufrieron a raíz del caso de Esteban, llegaron a Fenicia, Chipre y sobre todo a Antioquía de Siria, donde se formó una importante y activa comunidad cristiana. En esta ciudad fue donde se empezó a llamar a los discípulos de Jesús *cristianos*.

La acción de Pablo y Bernabé, entre otros, hizo que el cristianismo se extendiera por todo el Asia Menor y las ciudades griegas. La carta de Pablo a los Romanos hace suponer que en la capital del Imperio había una importante e influyente comunidad cristiana, al frente de la cual probablemente estuviera durante algún tiempo el apóstol Pedro.

◣ **A T O D O S A M A N Y P O R T O D O S S O N P E R S E G U I D O S**

1. Observa este mapa, que muestra la situación del cristianismo a comienzos del siglo IV. Compáralo con el de la página anterior, en el que se recoge su expansión durante el siglo I.

– ¿En qué zonas el cristianismo se hizo más presente a lo largo de los siglos II y III?

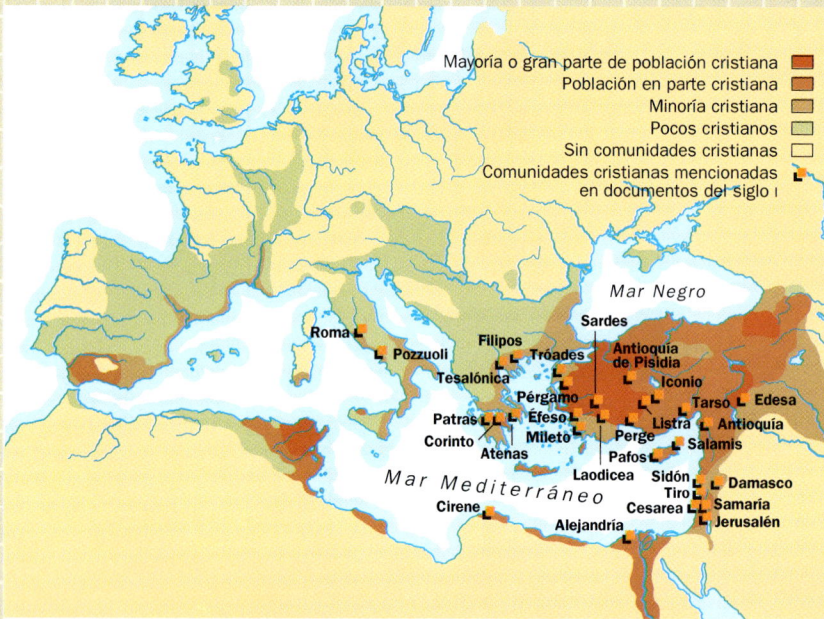

Mayoría o gran parte de población cristiana
Población en parte cristiana
Minoría cristiana
Pocos cristianos
Sin comunidades cristianas
Comunidades cristianas mencionadas en documentos del siglo I

Mar Negro

Roma, Pozzuoli, Filipos, Tróades, Tesalónica, Sardes, Antioquía de Pisidia, Iconio, Pérgamo, Éfeso, Patras, Mileto, Corinto, Atenas, Perge, Pafos, Tarso, Edesa, Listra, Antioquía, Salamis, Laodicea, Sidón, Tiro, Cesarea, Damasco, Samaría, Jerusalén, Cirene, Alejandría

Mar Mediterráneo

Biblia didáctica.
Madrid, SM/PPC.

2. Este texto es una carta de autor desconocido del siglo II a un tal Diogneto en la que se narra la vida que llevaban los cristianos en el Imperio.

– ¿Qué es lo que se dice sobre los cristianos? Según esta carta, ¿cómo eran tratados?

Los cristianos, en efecto, no se distinguen de los demás hombres ni por su tierra ni por su habla ni por sus costumbres. Porque ni habitan ciudades exclusivas suyas, ni hablan una lengua extraña, ni llevan un género de vida aparte de los demás.

Se casan como todos; como todos, engendran hijos. Ponen mesa en común, pero no lecho. Están en la carne, pero no viven según la carne. Pasan el tiempo en la tierra, pero tienen su ciudadanía en el cielo. Obedecen a las leyes establecidas; pero con su vida sobrepasan las leyes. A todos aman y por todos son perseguidos.

Son pobres y enriquecen a muchos. Carecen de todo y abundan en todo. Son deshonrados y en las mismas deshonras son glorificados.

Los vituperan y ellos bendicen. Se los injuria y ellos dan honra. Hacen bien y se los castiga como malhechores; castigados de muerte, se alegran como si se les diera la vida. Por los judíos se los combate como a extranjeros; por los griegos son perseguidos y, sin embargo, los mismos que los aborrecen no saben decir el motivo de su odio.

"Carta a Diogneto", en D. Ruiz Bueno, *Padres apostólicos.* Madrid, BAC

El cristianismo a principios del siglo IV

Hacia el año 300 el cristianismo está prácticamente extendido por las zonas más pobladas del Imperio en torno al Mediterráneo, pero con una intensidad muy desigual.

Los lugares de mayor presencia de cristianos se encuentran en Oriente: Asia Menor, Siria (en torno a Antioquía), en el corazón de la actual Turquía (en torno a Edesa), en Palestina y en Egipto (en torno a Alejandría). En algunas de estas localidades los cristianos eran ya mayoría.

En Occidente, la evangelización progresa de forma más lenta. La densidad de los cristianos es importante en el centro de Italia (en torno a Roma), en el sur de España y en el norte de África (en torno a Cartago). En esta época se inicia la penetración en Francia (en torno a Lyón).

En un entorno a menudo hostil

Los cristianos, como los judíos, nunca aceptaron la práctica, introducida por Augusto, de tratar al emperador como a un dios. Esta fue siempre la razón del conflicto y el motivo de las persecuciones, ya que muchos emperadores imponían su religión precisamente para mantener la unidad de un imperio tan grande. Especialmente ocurrió en la segunda mitad del siglo III coincidiendo con la decadencia del Imperio, que pasaba por momentos de desórdenes y anarquía.

Además, el resto de la sociedad veía a los cristianos como seres extraños y un poco aislados. Se les acusaba de *ateos* porque ni adoraban a los dioses romanos ni tenían templos. Se reunían en las casas para prácticas que parecían extrañas. También los intelectuales les despreciaban porque consideraban la nueva religión como contraria a la razón y a la filosofía.

Jesús se aparece a los Apóstoles (mosaico del siglo VI).

La vida interna de la Iglesia

La vida de cada iglesia local (una ciudad) se organiza en torno al obispo, asistido por un grupo de presbíteros y de diáconos. El culto se celebraba en las casas, pero a partir del siglo II se donan casas que se convierten exclusivamente en lugares de culto. Las iglesias se comienzan a construir en el siglo III.

El bautismo es el rito más importante por el que alguien entra a formar parte de la comunidad de los cristianos. Solo se impartía a los adultos. La preparación podía durar varios meses o incluso años y se celebraba la noche de pascua. Todos los domingos, los cristianos celebraban la resurrección con la eucaristía, cuya primera parte consistía siempre en la lectura de la Biblia y su explicación.

Cuando surgía algún problema nuevo que había que resolver, los obispos se reunían en concilios que solían ser regionales. Entre los obispos, el de Roma goza de una consideración especial por ser el sucesor de Pedro.

Durante este período empiezan a aparecer las primeras desviaciones doctrinales.

Principales persecuciones contra los cristianos

Emperadores que decretaron persecuciones contra los cristianos, de ámbito local

Emperadores que decretaron persecuciones contra los cristianos, de ámbito general

64	81-86	98-117	165	202	235	249-251	257-258	303-305
Nerón	Domiciano	Trajano	Marco Aurelio	Septimio Severo	Máximo	Decio	Valeriano	Diocleciano

Los orígenes de la Iglesia en España

El cristianismo ya estaba instalado y organizado en la península Ibérica en el siglo III

La situación religiosa de la península Ibérica durante la dominación romana era similar a la del resto del Imperio.

El cristianismo llegó a ella principalmente desde Roma y el norte de África. Colonos, viajeros, soldados y mercaderes trajeron la semilla del evangelio.

El primer documento histórico sobre la presencia de comunidades cristianas perfectamente organizadas procede del año 254 o 255 y es una carta que Cipriano de Cartago dirige a la iglesia de León-Astorga.

> **El cristianismo llegó desde Roma y África**

El segundo documento está escrito en torno al año 300 y son las actas de un concilio que tuvo lugar en Granada, en el que se hallaban presentes diecinueve comunidades con sus obispos, y otras dieciocho representadas por presbíteros.

A principios del siglo IV el cristianismo, por tanto, estaba ya fuertemente implantado y organizado en todas las provincias romanas de la península.

Antiguas tradiciones sobre la presencia de Pablo en Santiago y en España

Varias tradiciones antiguas, escasamente comprobadas desde el punto de vista histórico, tratan de explicar el origen del cristianismo en la península Ibérica.

- San Pablo, en su carta a los Romanos *(Rm 15, 23-29)*, escrita hacia el año 56, manifiesta su deseo de venir a Hispania, pero no poseemos datos sobre ello.

- En el siglo VIII algunos escritos afirman que el apóstol Santiago el Mayor habría venido a España a predicar. En ese viaje se le habría aparecido la madre de Jesús a orillas del Ebro, dando lugar a la tradición de la Virgen del Pilar. Desde el siglo IX encontramos ya la afirmación de que el cuerpo de Santiago reposa en la actual catedral de Santiago de Compostela.

La principal objeción a la verdad histórica de estas tradiciones es el silencio que los escritores mantienen sobre ellas hasta fechas muy tardías, cuando tenemos documentos importantes de la Iglesia en España desde el siglo IV.

Las persecuciones

Las persecuciones, especialmente la de Valeriano (257-258), y sobre todo la de Diocleciano (303-305), dieron lugar a numerosos mártires en las provincias romanas de la península Ibérica. Las tradiciones de estos mártires están muy ligadas a las iglesias de las ciudades donde vivieron o murieron.

Los primeros mártires

– El obispo Fructuoso,
  en Tarragona;
– el centurión Marcelo, en León;
– las ceramistas Justa
  y Rufina, en Sevilla;
– santa Engracia y otros
  18 mártires, en Zaragoza;
– san Vicente, en Valencia;
– san Félix, en Gerona;
– santa Eulalia, en Mérida;
– san Cugat, en Barcelona
  (san Cucufate);
– san Acisclo y san Zoilo,
  en Córdoba;
– santos Justo y Pastor, en Alcalá
  de Henares;
– santos Emeterio y Celedonio, en Calahorra.

VICENTE
ENGRACIA
EULALIA
JUSTO

ANALIZA

1. De toda la información con que cuentas, ¿qué acontecimientos se pueden declarar históricos y cuáles pertenecen a la tradición?

2. Sitúa en un mapa los lugares de los mártires. Añade otros que tú conozcas. ¿Hay en tu comunidad autónoma alguna tradición relacionada con estos mártires?

3. Observa la lista de comunidades cristianas que estaban presentes en el Concilio de Granada y localiza en el mapa todas las que puedas.

4. Con la información obtenida, ¿cuáles eran las zonas con mayor presencia de cristianos a comienzos del siglo IV?

En suelo granadino tuvo lugar la primera reunión importante de los cristianos de la península Ibérica

La ciudad de Elvira estaba situada en la actual Granada, y fue en esta localidad donde en torno al año 300 tuvo lugar un importante sínodo. Por él sabemos que ya en esa época existían numerosas comunidades cristianas. Estas son las que estuvieron representadas.

Acci (Guadix), Córduba (Córdoba), Hispalis (Sevilla), Tucci (Martos, en Jaén), Epagra (al lado de Córdoba), Castullo (cerca de Linares, en Jaén), Mentesa Bastitanorum (La Guardia, en Jaén), Iliberri (Granada), Ursi (al lado de Almería), Emérita Augusta (Mérida), Caesar Augusta (Zaragoza), Legio VII Gemina (León), Toletum (Toledo), Fibularia (junto a Jaca), Ossonoba (sur de Portugal), Ebora (Évora, en Portugal), Eliocroca (Lorca, Murcia), Basti (Baza), Malaca (Málaga), Eepora (Montoro, Córdoba), Urso (Osuna, en Sevilla), Illiturgi (provincia de Jaén), Carbula (provincia de Córdoba), Astigi (Écija, Sevilla), Ategua (Espejo, Córdoba), Acinipo (provincia de Málaga), Lauro (provincia de Málaga), Barba (provincia de Málaga), Egabrum (Cabra, Córdoba), Iune (provincia de Jaén), Segalvina (provincia de Granada), Ulia (Montemayor, Córdoba), Drona (desconocida), Baria (Vera, en Almería), Solia (quizá en Córdoba), Ossigi (provincia de Jaén), Cartago Nova (Cartagena, en Murcia).

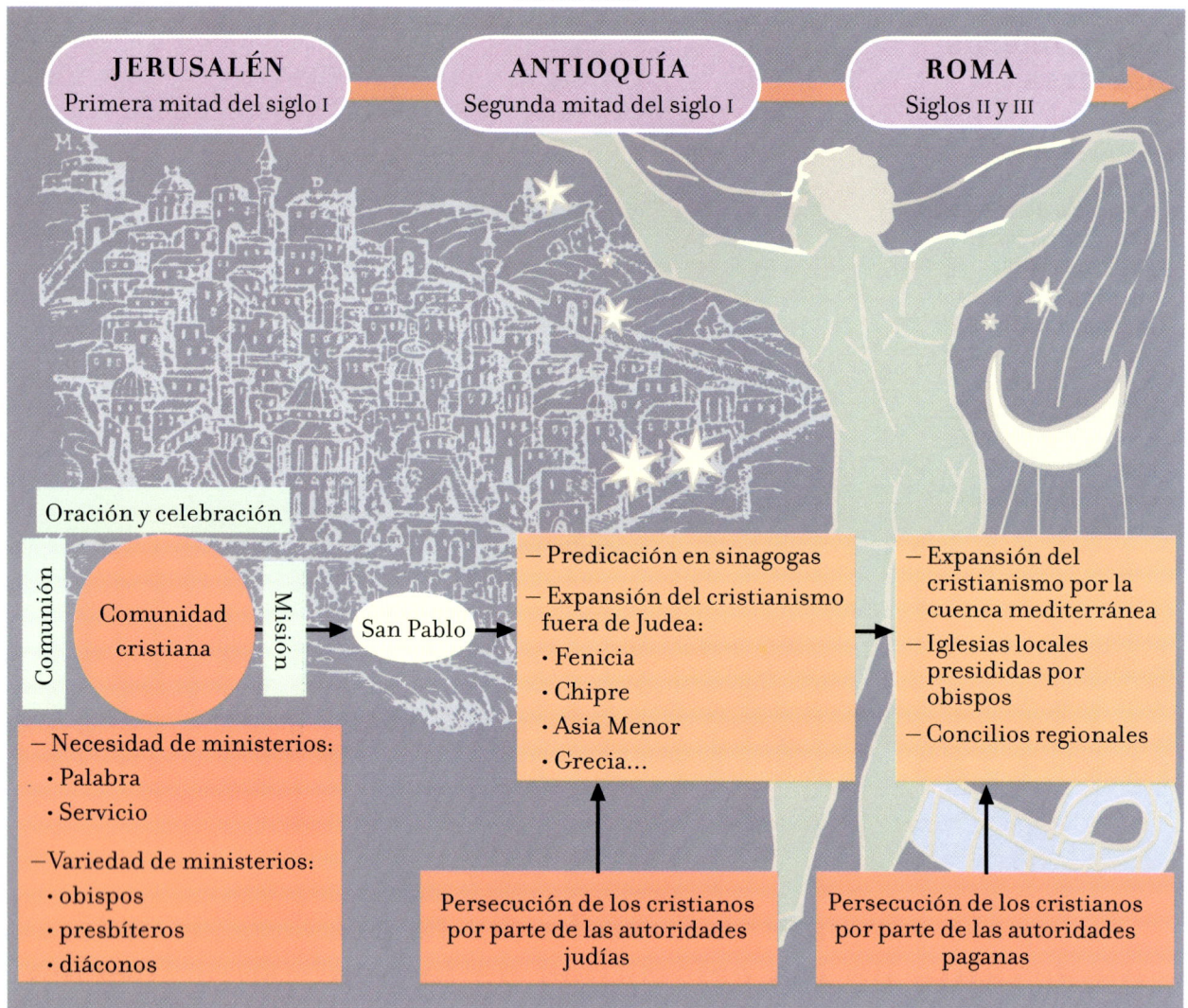

SÍNTESIS

JERUSALÉN	ANTIOQUÍA	ROMA
Primera mitad del siglo I	Segunda mitad del siglo I	Siglos II y III

Oración y celebración

Comunión — **Comunidad cristiana** — Misión → **San Pablo** →

— Necesidad de ministerios:
• Palabra
• Servicio

— Variedad de ministerios:
• obispos
• presbíteros
• diáconos

— Predicación en sinagogas
— Expansión del cristianismo fuera de Judea:
• Fenicia
• Chipre
• Asia Menor
• Grecia...

— Expansión del cristianismo por la cuenca mediterránea
— Iglesias locales presididas por obispos
— Concilios regionales

Persecución de los cristianos por parte de las autoridades judías

Persecución de los cristianos por parte de las autoridades paganas

C O M P R U E B A   L O   Q U E   S A B E S

Lee estos textos del *Catecismo de la Iglesia Católica* y relaciónalos con lo que has visto en el tema:

• «*Cuando el Hijo terminó la obra que el Padre le encargó realizar en la tierra, fue enviado el Espíritu Santo el día de Pentecostés para que santificara continuamente a la Iglesia*» (LG 4). Es entonces cuando «*la Iglesia se manifestó públicamente ante la multitud; se inició la difusión del Evangelio entre los pueblos mediante la predicación*» (AG 4). Como ella es "convocación" de salvación para todos los hombres, la Iglesia es, por su misma naturaleza, misionera enviada por Cristo a todas las naciones para hacer de ellas discípulos suyos (n.º 767).

• *Desde el principio, esta Iglesia una se presenta, no obstante, con una gran diversidad que procede a la vez de la variedad de los dones de Dios y de la multiplicidad de las personas que los reciben. En la unidad del Pueblo de Dios se reúnen los diferentes pueblos y culturas. Entre los miembros de la Iglesia existe una diversidad de dones, cargos, condiciones y modos de vida (...)* (n.º 814).

• «*La única Iglesia de Cristo..., nuestro Salvador, después de su resurrección, la entregó a Pedro para que la pastoreara. Le encargó a él y a los demás apóstoles que la extendieran y la gobernaran... Esta Iglesia, constituida y ordenada en este mundo como una sociedad, subsiste en la Iglesia católica, gobernada por el sucesor de Pedro y por los obispos en comunión con él*» (LG 8) (n.º 816).

1. Los evangelios nos cuentan que a Jesús lo seguían algunas discípulas, que lo acompañaban en su predicación y le ayudaban con sus bienes. También encontramos mujeres entre los primeros cristianos. En la ciudad de Filipos, la casa de Lidia se convirtió en el primer centro misionero de Europa.

   – Lee los siguientes textos del Nuevo Testamento y escribe una pequeña biografía de Priscila (o Prisca), una de las mujeres que desarrollaron más actividad dentro de las primeras comunidades cristianas: *Hch 18, 2.18.26*; *Rom 16, 3*; *1 Cor 16, 19*; *2 Tim 4, 19*. No olvides incluir su procedencia, profesión y principales actividades relacionadas con el evangelio.

2. En 2001 fueron asesinados treinta y tres misioneros en todo el mundo. Se trata de personas que han dado testimonio de su fe y han ayudado a las personas de los países donde se encontraban. ¿Crees que el caso de Esteban, primer mártir cristiano, se puede comparar con lo que ocurre hoy en el mundo? Busca alguna noticia sobre casos de mártires actuales.

3. Las ilustraciones que tienes a continuación pertenecen a las catacumbas de San Calixto, en Roma.

   – La primera alude sin duda a la escena evangélica de la multiplicación de los panes y los peces. Pero ¿sabes lo que significaba también el pez en el arte de los primeros cristianos?

   – La segunda representa a un pastor, vestido de túnica corta, llevando una oveja sobre los hombros. Si no lo sabes, puedes consultar el apartado "Los Símbolos" en la Presentación de las catacumbas de la primera dirección web que tienes al lado.

4. Ordenando correctamente las letras del siguiente anagrama encontrarás una actividad que realizó san Pablo y diez ciudades que visitó (estas aparecen en el mapa de la página 96)

_	E	_	_	_	_	_	OGREPAM
	V	_	_	_	_		JARAVI
_	A	_	_				FOSAP
_	_	_	N	_	_		SANEAT
_	_	_	G	_			GEREP
_	_	E	_	_			SEFEO
_	_	L	_	_	_		LITOME
_	I	_	_	_	_		ATRISL
_	_	Z	_	_	_	_	ZULIOZOP
_	_	A	_	_	_		RESACAE
_	_	R	_	_	_		DRESAS

EN LA RED

→ **www.catacombe.roma.it**

En esta página puedes encontrar un acercamiento al arte de las catacumbas romanas y a su sentido cristiano.

→ **www.mercaba.org/FICHAS/DIOS/crmo_expansion_rapida.htm**

Se trata de una página donde se encuentra una interesante explicación sociológica de la expansión del cristianismo primitivo por el mundo pagano.

8

Una comunidad que se expande y organiza

Los primeros siglos de los cristianos no fueron fáciles. Sin embargo, en los inicios del siglo IV se produjo un cambio muy importante en la integración de la Iglesia dentro de las estructuras del Imperio romano: el cristianismo pasó a convertirse en la religión casi oficial del Imperio.

Poneos en camino, haced discípulos a todos los pueblos y bautizadlos para consagrarlos al Padre, al Hijo y al Espíritu Santo, enseñándoles a poner por obra todo lo que os he mandado.

(Mt 27, 19)

El imperio romano era poder, dinero, política, jerarquía, violencia... El Cristianismo era esencialidad, fraternidad, paz, misericordia... ¿Cómo no íbamos a chocar?

¡Son unos miserables! La mayor parte son esclavos y emigrantes.

¡¡A LOS LEONES!!

Son unos comunistas: dicen que todos los hombres son iguales.

¡Y las mujeres!

¡AL SANTO OFICIO!

Son unos aguafiestas: dicen que la cultura es mejor que el fútbol.

¡Son unos libertinos! ¡Dicen que el amor está por encima de cualquier ley!

Son unos fracasados. Su fundador ni siquiera tenía un máster en economía.

Son unos ateos: dicen que Dios es un hombre.

SI A MÍ ME PERSIGUIERON, ¿CÓMO ES QUE A VOSOTROS NO OS PERSIGUEN?

Fijáos en quiénes persigue hoy el mundo: ésos son la semilla del mundo nuevo.

José Luis CORTÉS, *Comicstoria de la Iglesia*.

Analiza el texto y las imágenes

1. ¿Quién y en qué momento de su vida pronuncia la frase que tienes en el recuadro de la página anterior? ¿Qué relación ves entre ella y la imagen? ¿Conoces algo de cómo se llevó a cabo este mandato?

2. Observa detenidamente el cómic. Intenta recoger la situación de dificultad del cristianismo en el Imperio romano.

   – ¿De qué acusan a los cristianos?

   – ¿Por qué la forma de vida de los cristianos podía chocar con algunos elementos del Imperio?

QUÉ BUSCAMOS

En el tema anterior hemos visto cómo fue la vida de los primeros cristianos hasta comienzos del siglo IV.

Ahora queremos saber cómo transcurrió la vida de esta comunidad desde esas fechas hasta el comienzo de la Edad Media, a finales del siglo V.

CÓMO LO HAREMOS

- Primero analizaremos cómo el cristianismo pasó de ser una religión perseguida a convertirse en la religión oficial del Imperio romano.

- Estudiaremos qué impacto tuvo este hecho en la comunidad cristiana y en la aparición del monacato.

- Finalmente nos fijaremos en cómo era la vida interna de la Iglesia en aquella época, qué conflictos doctrinales surgieron, cómo se solucionaron y quiénes contribuyeron a fijar la doctrina.

◤ DOS DECRETOS QUE CAMBIARON LA VIDA DE LOS CRISTIANOS

Durante los tres primeros siglos los cristianos tuvieron que vivir su fe de forma clandestina y en muchas ocasiones sufrieron persecución. Esta situación cambió a comienzos del siglo IV.

1. En el año 313 el emperador Constantino publica el *edicto de Milán*. Aquí tienes un fragmento. Léelo y escribe qué es lo que decidió el emperador y qué consecuencias tuvo para la vida de los cristianos.

> Yo, Constantino Augusto, y yo también, Licinio Augusto, reunidos felizmente en Milán (...) hemos tomado la saludable y rectísima determinación de que a nadie le sea negada la facultad de seguir libremente la religión que ha escogido para su espíritu, sea la cristiana o cualquier otra más conveniente.
>
> Por lo cual es conveniente permitir de ahora en adelante, a todos los que quieran observar la religión cristiana, hacerlo libremente sin que esto les suponga ninguna clase de inquietud y molestia.

2. En el año 380 el emperador Teodosio publicó el *edicto de Tesalónica*, que daba un paso más en la línea iniciada por Constantino. ¿Qué añade este edicto al anterior? ¿Qué consecuencias pudo tener para la Iglesia?

> Queremos que todos los pueblos situados bajo la dulce autoridad de nuestra clemencia vivan en la fe que el santo apóstol Pedro transmitió a los romanos (...).
>
> Decretamos que solo tendrán derecho de decirse cristianos católicos los que se sometan a esta ley, y que todos los demás son locos e insensatos sobre los que pesará la vergüenza de la herejía. Serán objeto en primer lugar de la venganza divina, para ser luego castigados por nosotros, según la decisión que nos ha inspirado el cielo.
>
> *Código Teodosiano*, XIV, 1, 2.

La Iglesia constantiniana

En el año 313 el emperador Constantino publica el edicto de Milán, por el que se reconoce a la Iglesia el derecho a vivir públicamente en la sociedad romana. Los emperadores que le sucedieron, excepto Juliano el Apóstata, fueron restringiendo poco a poco el culto pagano hasta que Teodosio el Grande lo prohibió totalmente convirtiendo el cristianismo en religión oficial del Imperio.

Se llama *constantiniana* a la Iglesia que pasó, de ser perseguida por el Imperio, a ser protegida por las leyes y por el emperador. Este cambio de relaciones tuvo consecuencias de mucha trascendencia en la vida de la Iglesia y marcó de manera muy fuerte el posterior desarrollo de la vida de los cristianos.

RUBENS,
*San Ambrosio
perdona a Teodosio.*

La Iglesia se hace muy presente en la sociedad

Se produce una situación nueva: protegido por los emperadores con ayudas económicas y legales, el cristianismo se hace presente en las estructuras y en las leyes de la sociedad:

- El calendario se hace cristiano: el domingo se convierte en el día de descanso oficial cada semana y se guardan las fiestas importantes de los cristianos.

- Se liberaliza la condición de esclavo, dando más facilidades para obtener la libertad.

- Se modifican las leyes sobre el matrimonio y se restringe el divorcio.

- Se lucha por intentar erradicar algunos brotes de violencia, como los combates a muerte de los gladiadores y algunos casos de infanticidio.

- La Iglesia empieza a disponer de edificios públicos, se construyen basílicas, se donan palacios para los obispos y se recibe protección y dinero del Imperio.

Esta situación de privilegio crea problemas nuevos a la Iglesia. El poder civil y político la protege elevándola a rango de religión oficial, y eso provoca el gran peligro de la contaminación de ese mismo poder político, de la falta de libertad y del posible abandono de los ideales del evangelio.

ACTIVIDAD

Observa estos dos viñetas, que intentan reflejar lo que le ocurrió a la Iglesia en este momento. Explica qué ha querido expresar el autor.

DIOCLECIANO
303

CONSTANTINO
313

TEODOSIO
380

DE RELIGIÓN PERSEGUIDA A RELIGIÓN OFICIAL

EDICTO DE MILÁN 313

LIBERTAD

¡ESO TRAERÁ COLA!...

NANDO, *Historia de la Iglesia*. Madrid, Paulinas.

La necesidad de mantener el ideal

Antes de Constantino, ser cristiano era exigente: no estaba muy bien visto y además nada en el Imperio lo favorecía. Ahora, con la nueva situación, se podía caer en un cristianismo mediocre. De hecho, algunos obispos adoptaron maneras y formas de la corte, hubo conversiones y bautismos de conveniencia y la vida de los cristianos se vio contaminada por muchas costumbres de la sociedad.

En este nuevo contexto, algunos intentaron vivir con mayor radicalidad el evangelio y "se retiraron". Así nace la vida de los monjes, o monacato. La vida austera, dejando todos los bienes materiales, y la búsqueda de la paz interior atraen a muchos cristianos que se retiran al desierto.

La vida monástica

Había dos clases de monjes:

- Los *anacoretas*, también llamados *eremitas*, que vivían en solitario y se dedicaban a la oración y al trabajo manual y que se establecían cerca de algún anciano o maestro que les orientaba. Vivían por separado, pero se reunían a veces para la oración. El más famoso de los anacoretas fue san Antonio († 356).

- Los *cenobitas*, por el contrario, también se retiraban lejos de las ciudades, pero no vivían solos sino que con otros formaban una comunidad. Buscaban el ideal evangélico de la comunidad que se describe en los Hechos de los Apóstoles. Fue san Pacomio († 346) el que en el año 323 fundó la primera comunidad monástica.

El monacato se extendió rápidamente por Oriente Medio y Asia Menor bajo la inspiración de san Basilio, que escribió las primeras reglas y muy pronto llegó a Occidente, donde se implantó con fuerza.

San Benito y el monacato en Occidente

Hacia el año 529, san Benito fundó el primer monasterio benedictino en Montecasino y escribió la primera Regla por la que debían regirse los monjes. Esta fue la base del posterior monacato benedictino.

Benito insistía en una vida ordenada, en la obediencia y en el entusiasmo; la vida de los monjes estaba dedicada a la recitación del oficio divino, al estudio y al trabajo físico. Todos los bienes materiales eran puestos en común, y el abad tenía plena autoridad en la comunidad.

Una de las obras más notables de los benedictinos fue la conversión de los pueblos germánicos. Obligados por su Regla a quedarse en los monasterios, dieron a los pueblos bárbaros un ejemplo de estabilidad y de trabajo: les enseñaron a cultivar el suelo, promocionaron y conservaron el arte y con sus manuscritos salvaron los tesoros de la Antigüedad clásica.

La vida monástica que surgió en los siglos IV y V ha constituido un elemento muy importante para el desarrollo de la vida de la Iglesia especialmente en los años de la Edad Media.

Cuando el cristianismo se convirtió en religión oficial del Imperio, muchos cristianos se retiraron a lugares apartados para vivir al estilo de la comunidad que se describe en los Hechos de los Apóstoles.

ACTIVIDADES

1 Lee con atención este cómic, que intenta reflejar la situación del nacimiento del monacato.

– ¿Cuáles fueron las causas del florecimiento de la vida monástica a partir del siglo IV?

– ¿Qué dos personajes importantes de la vida monástica se citan? ¿Cuáles son sus diferencias?

José Luis CORTÉS, *Comicstoria de la Iglesia* (op. cit.).

2 Lee este fragmento de la Regla de san Benito. Ten en cuenta que la hora prima es aproximadamente las siete de la mañana; la cuarta, las diez de la mañana; la sexta, las doce del mediodía; y la nona, las tres de la tarde.

– Elabora un gráfico que recoja, por un lado, las horas del día; y, por otro, las actividades que realizan los monjes a determinadas horas.

– ¿Por qué crees que el lema de la orden benedictina es *Ora et labora* ('ora y trabaja')?

La ociosidad es enemiga del alma: en consecuencia, los hermanos deben ocuparse en trabajos manuales a ciertas horas; a otras, en piadosas lecturas. Desde Pascua hasta principios de octubre trabajarán desde la hora prima a la hora cuarta; desde la hora cuarta hasta sexta se aplicarán a la lectura; después de la hora sexta y al levantarse de la mesa dormirán siesta en sus camas sin ningún ruido; y si alguno de ellos quiere leer, lo hará de modo que no perturbe a los demás en reposo. A la hora nona rezarán en Oficio Divino; luego, se trabajará hasta la noche.

Si la pobreza del sitio, la necesidad o la recolección de frutos les tienen constantemente ocupados, no abriguen cuidado alguno, pues son verdaderos monjes que viven de sus propias manos como hicieron los santos padres y los apóstoles; pero hágase todo con mesura por consideración a los débiles.

C. CANTÚ, *Historia universal*. Madrid, Mellado.

◢ V E R D A D E R O   D I O S   Y   V E R D A D E R O   H O M B R E

Durante los primeros siglos de cristianismo se produjeron distintas controversias y algunas herejías en la forma de entender a Jesús.

1. Fíjate bien en estos cuadros: el primero contiene un breve resumen de lo que sobre Jesús afirmaban tres corrientes heréticas, los personajes que las defendieron y los concilios que las condenaron; el segundo de los cuadros recoge la parte central del credo que se recita hoy en las celebraciones eucarísticas.

   – Copia en grande el cuadro de abajo y, con toda la información que aquí tienes, completa las casillas.

Tres herejías de los siglos IV y V

Arrianismo

Doctrina defendida por Arrio, sacerdote de Alejandría:

El Hijo es inferior al Padre. El Verbo es una criatura del Padre, creada de la nada, más perfecta que las demás criaturas, que el Padre adoptó como Hijo. El Verbo no es eterno ni de la misma naturaleza que el Padre.

Esta doctrina fue condenada en el Concilio de Nicea (325) y en el de Constantinopla (381).

Nestorianismo

Doctrina de Nestorio, patriarca de Constantinopla:

No se puede decir que la persona divina del Verbo se encarnara en la naturaleza humana. Se junta. Hay "reunión" de las dos naturalezas que permanecen. María no se puede llamar Madre de Dios; es simplemente la madre de Jesús.

Esta doctrina fue condenada en el Concilio de Éfeso (431).

Monofisismo

Doctrina de Eutiques, monje de Constantinopla:

La naturaleza divina de Cristo anuló la naturaleza humana. En la unión se origina una sola naturaleza y la humanidad quedó absorbida por la divinidad, como una gota de miel disuelta en el océano.

Esta doctrina se condenó en el Concilio de Calcedonia (451).

Creo en un solo Señor, Jesucristo,
Hijo único de Dios,
nacido del Padre antes de todos los siglos:
Dios de Dios,
luz de luz,
Dios verdadero de Dios verdadero,
engendrado, no creado,
de la misma naturaleza del Padre,
por quien todo fue hecho;
que por nosotros, los hombres,
y por nuestra salvación
bajó del cielo;

y por obra del Espíritu Santo
se encarnó de María, la Virgen,
y se hizo hombre;
y por nuestra causa fue crucificado
en tiempos de Poncio Pilato;
padeció y fue sepultado,
resucitó al tercer día, según las Escrituras,
y subió al cielo,
y está sentado a la derecha del Padre;
y de nuevo vendrá con gloria
para juzgar a vivos y muertos,
y su reino no tendrá fin.

Concilios	Herejías	Afirmaciones del credo
Nicea-Constantinopla		
Éfeso		
Calcedonia		

La Iglesia se organiza

La estructura básica que la Iglesia había tenido desde sus inicios se basaba en el obispo como pastor de una comunidad cristiana local, la diócesis. A partir de Constantino esta estructura básica no cambió, pero se reforzó mucho, ya que el obispo pasaba a tener una mayor relevancia social.

Cuando aparecía alguna dificultad o problema importante en la vida de la Iglesia, los obispos o comunidades afectadas se reunían en concilios, que podían ser de una zona o de toda la Iglesia. Estos se llaman *concilios ecuménicos*.

Poco a poco fue apareciendo una cierta jerarquía entre los obispos mismos. Cobraron mucha importancia las ciudades más influyentes como Roma, Cartago, Alejandría, etc. Se fueron creando agrupaciones de iglesias particulares llamadas *patriarcados*. Entre ellos se reconoce la primacía de Roma, donde está el sucesor de Pedro.

La vida interna de la Iglesia

La vida interna de la comunidad cristiana viene marcada por los sacramentos y el año litúrgico. Entre los sacramentos, los más importantes eran: el bautismo, que se recibía generalmente de adulto, aunque también de niño, y que requería una gran preparación o tiempo de catequesis; y la eucaristía, que constituía el centro de la vida de la comunidad. Se celebraba, sobre todo, el domingo, con gran solemnidad y con un esquema muy parecido al que se utiliza hoy.

La fiesta anual más importante era la pascua, conmemoración de la muerte y resurrección de Jesús, y en ella se celebraba el bautismo de los nuevos cristianos. La fiesta de Navidad tardó más en establecerse en toda la Iglesia.

Cómo definir la fe cristiana

Desde los primeros momentos los cristianos intentaron explicar aquello en lo que creían: que Jesús traía la salvación y la liberación definitiva. A lo largo de los siglos IV y V se vivió un período de dura polémica sobre la figura de Jesús. ¿Es Cristo inferior al Padre? ¿Cristo es Dios?

- El **Concilio de Nicea**, en el año 325, condenó la doctrina de Arrio, que afirmaba que Jesucristo no era igual al Padre sino inferior, y que, por tanto, Cristo no era Dios sino alguien creado por Dios. En este concilio y en el de Constantinopla del año 381, se fijó el credo tal y como se utiliza hoy.

- El **Concilio de Éfeso**, del año 431, salió al paso de otra falsa doctrina de Nestorio que afirmaba que en Cristo verdaderamente no estaba la naturaleza divina y que, por tanto, María no era Madre de Dios sino solo Madre de Jesús. Frente a eso el concilio afirmó que Cristo era Dios y que María es Madre de Dios.

- El **Concilio de Calcedonia**, del año 451, dejó definitivamente sentada la doctrina sobre Cristo.

De estas controversias la Iglesia aprendió la necesidad de definir los dogmas o formulaciones de la fe para evitar falsas interpretaciones y también la necesidad de un magisterio o autoridad que garantice a lo largo de la historia la autenticidad de la fe cristiana.

DEMETRIO y NANDO,
Historia de la Iglesia. Madrid, Paulinas.

En los primeros concilios, celebrados durante los siglos IV y V, quedó fijada la doctrina cristiana.

El pensamiento cristiano

Cuando comienza el siglo II, los apóstoles han muerto y los cristianos tienen que afrontar los nuevos problemas que se les plantean. Hay que reflexionar a partir de lo que se ha recibido de los apóstoles. Así nace la teología: una reflexión racional sobre la experiencia de ser cristiano.

¿Cuáles son los temas primeros?

– Responder a los ataques y las calumnias de los paganos (se acusaba a los cristianos, por ejemplo, de ser ateos por no creer en los dioses romanos).

– Razonar contra las herejías y las desviaciones formulando con precisión la fe católica.

– Ir aclarando la propia organización de la Iglesia (cómo había que organizar la catequesis de los que querían hacerse cristianos, por ejemplo) y las nuevas cuestiones morales que se van planteando (qué hacer, por ejemplo, con los que habían renegado de la fe en las persecuciones y después querían volver a la comunidad).

Los Padres de la Iglesia

Se llama Padres de la Iglesia al conjunto de pensadores que a lo largo de los cinco primeros siglos de la historia de la Iglesia fueron aportando sus reflexiones sobre todos esos temas y que contribuyeron de manera definitiva a la comprensión del mensaje cristiano. La reflexión teológica se desarrolló tanto en Oriente como en Occidente.

San Agustín es uno de los pilares fundamentales de la reflexión teológica cristiana.

La edad de oro de los Padres de la Iglesia

En la segunda mitad del siglo IV coinciden los personajes más influyentes en la teología en un auténtico florecimiento intelectual. Destacan:

- En Oriente:

    – **San Atanasio,** en Alejandría, gran defensor del Concilio de Nicea.

    – **San Basilio,** en Cesarea, autor de las primeras reglas monásticas y gran defensor de la pobreza en la Iglesia.

    – **San Juan Crisóstomo,** en Antioquía, joven y brillante abogado, gran predicador que reformó las costumbres de los clérigos y criticó duramente los excesos de la corte.

- En Occidente:

    – **San Jerónimo,** el autor de la Vulgata, primera edición completa de la Biblia en latín que fue declarada texto oficial de la Iglesia.

    – **San Ambrosio de Milán,** abogado y gobernador de Milán que fue nombrado obispo por aclamación popular. Gran orador, poeta y músico, defendió la independencia de la Iglesia frente al emperador.

    – **San Agustín.** Estudió leyes. Fue a Roma y a Milán. Las oraciones de su madre y el impacto que en él causó san Ambrosio produjeron su conversión, que narró en su libro *Confesiones.* Fue también nombrado obispo de Hipona por aclamación popular. San Agustín es uno de los pilares fundamentales de la reflexión teológica cristiana.

	Griegos	Latinos
Padres apostólicos (siglos I y II) Enlazan con el tiempo de los apóstoles y su enseñanza.	San Clemente de Roma, san Ignacio de Antioquía, san Policarpo de Esmirna, san Papías, Hermas.	
Padres de los siglos II y III Lucharon contra los enemigos del cristianismo.	San Justino, san Ireneo, san Hipólito, Clemente de Alejandría, Orígenes, san Eusebio de Cesarea.	Tertuliano, san Cipriano (primeros autores cristianos que escribieron en latín).
La edad de oro de los Padres de la Iglesia (siglos IV-V) Contribuyeron a la formulación de la fe cristiana.	San Atanasio, san Basilio, san Gregorio Nacianceno, san Gregorio de Nisa, san Juan Crisóstomo, san Cirilo.	San Jerónimo, san Ambrosio de Milán, san Agustín.

Los Padres de la Iglesia de los primeros siglos reflexionaron profundamente sobre los temas que realmente importaban a los creyentes de entonces y contribuyeron de manera definitiva a la comprensión del mensaje cristiano.

Observa con detalle el cómic de José Luis Cortés. ¿Cuál crees que es el significado de las frases entrecomilladas, en las que se recogen expresiones de Ireneo, obispo de Lyón (c.130-c.200), y de Clemente de Alejandría (c.150-c.215)?

– ¿Estás de acuerdo con lo que dicen la madre y el hijo que aparecen en la pantalla? ¿Por qué?

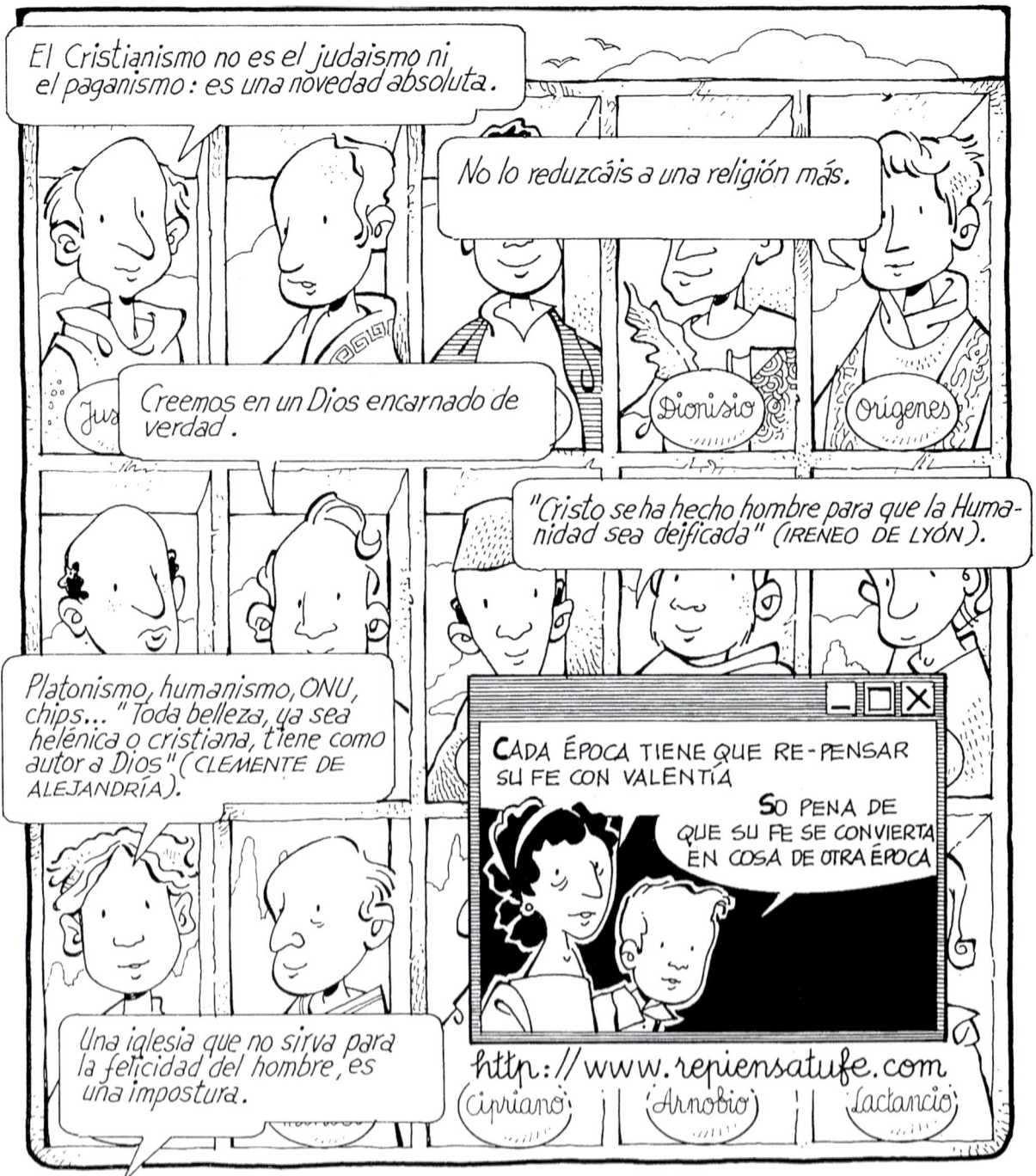

LAS BASÍLICAS ROMANAS

Durante los tres primeros siglos los cristianos celebraban sus reuniones de oración generalmente en las casas. A partir del siglo IV los cristianos pueden practicar libre y públicamente su religión. Surge entonces la posibilidad de construir un espacio donde poder realizar su culto, y para ello tomarán como modelo algunos edificios públicos romanos, como la basílica.

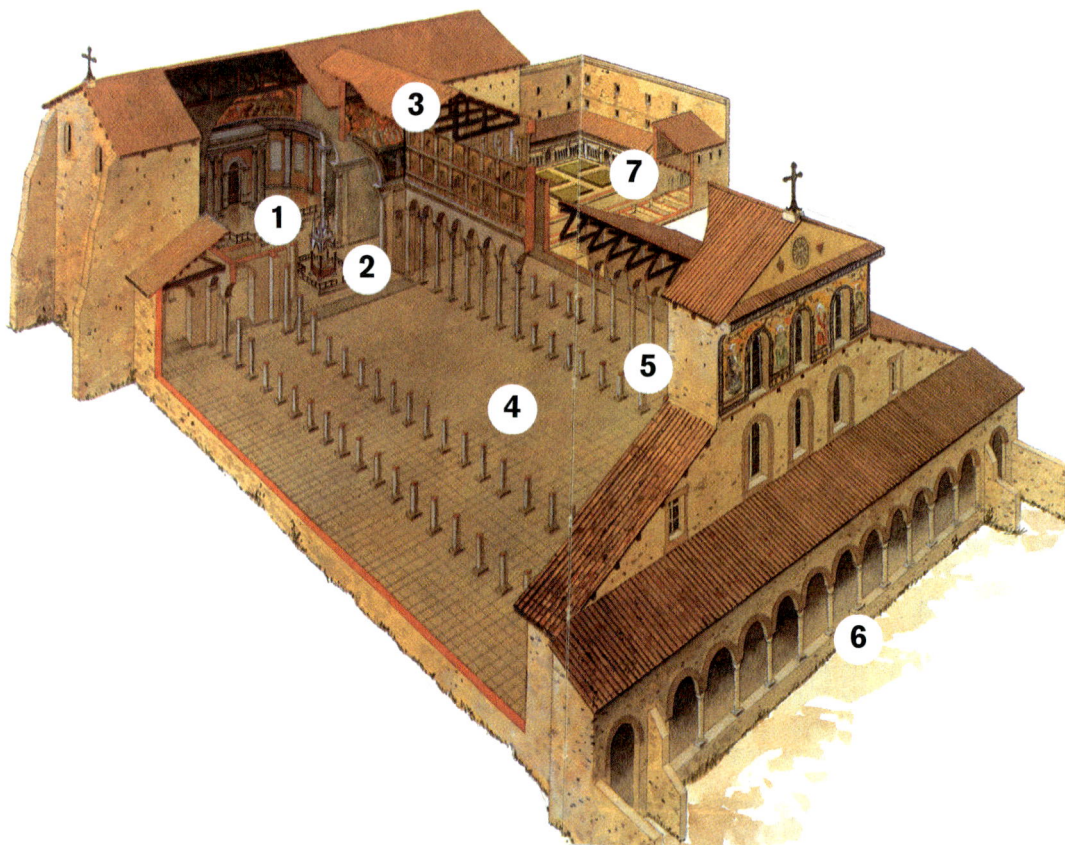

1. Ábside

Era el espacio más importante de la iglesia paleocristiana. Desde aquí se dirigía el culto y era la zona reservada al clero.

2. Baptisterio

Lugar donde se administraba el bautismo, que se hacía por inmersión.

3. Mosaicos

Los mosaicos, que narraban escenas bíblicas, adornaban tanto el ábside como la nave central. Daban espectacularidad al templo.

4. Planta basilical

Espacio longitudinal dividido en naves separadas por arquerías. El apelativo *basilical* alude a las basílicas romanas, que eran edificios públicos donde se realizaban actividades civiles.

5. Naves

Lugar donde se situaban los fieles ya bautizados. Es un espacio diáfano y amplio desde el que se podía seguir todos los actos litúrgicos.

6. Nártex

Pórtico por donde se accedía a la iglesia. Entre el nártex y la entrada existía un atrio donde permanecían los catecúmenos, es decir, los que se preparaban para recibir el bautismo; también los penitentes. Una vez que los catecúmenos recibían el bautismo y que los penitentes cumplían la penitencia, ya podían entrar en el templo.

7. Atrio

Patio cuadrangular rodeado de columnas. Es el lugar intermedio entre el espacio público y el sagrado; a él podían acceder tanto cristianos como paganos.

La basílica de San Pedro, en Roma

La antigua basílica de san Pedro es un buen ejemplo de cómo los edificios religiosos cristianos se adaptan a los edificios civiles romanos: su plano es similar al de las basílicas romanas para usos civiles, pero se le añaden unos elementos arquitectónicos para adecuarlos a las necesidades de la liturgia cristiana.

ANALIZA

1. Observa todos los planos y edificios de estas dos páginas y analiza la función que tenía cada una de las dependencias de los mismos.

2. Durante muchos siglos las iglesias han mantenido estructuras similares. Haz el plano de una iglesia que conozcas bien y explica la función de cada una de sus partes. ¿Conserva elementos similares a los de las basílicas romanas?

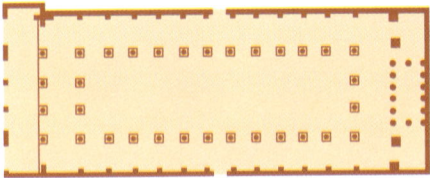

Plano de una basílica romana de Pompeya de los siglos II-I antes de Cristo.

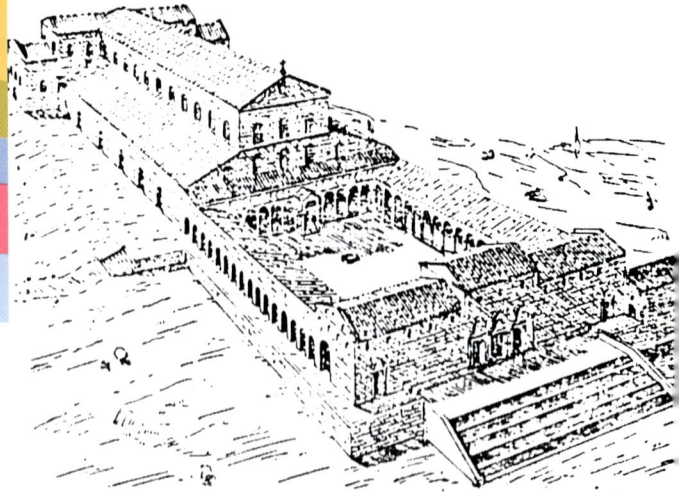

Planta alzada de la antigua basílica de San Pedro (según una reconstrucción de J. Conant).

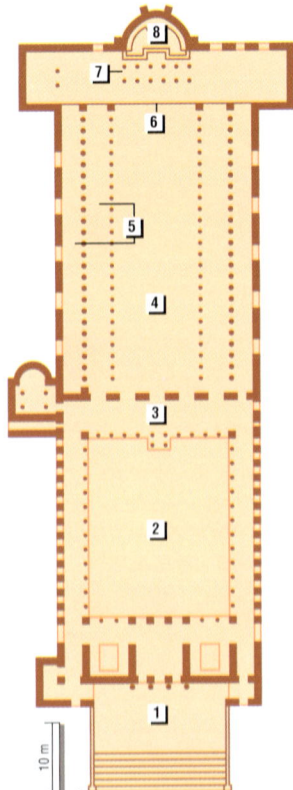

1. Entrada

2. Patio

3. Nártex

4. Nave central

5. Naves laterales

6. Arco de separación

7. Baptisterio

8. Ábside

Plano de la primitiva basílica de San Pedro (siglo IV).

Sección de la antigua basílica de San Pedro.

Edicto de Milán:
Se permite practicar el cristianismo.

Edicto de Tesalónica:
El cristianismo, religión oficial del Imperio.

Padres de la Iglesia:
Muere Ambrosio (397).
Muere Jerónimo (420).
Muere Agustín (430).

Concilio de Nicea:
El Hijo es de la misma naturaleza que el Padre.

Concilio de Constantinopla.

Concilio de Éfeso:
Jesús es Dios, y María es Madre de Dios.

Concilio de Calcedonia:
Jesús es verdadero Dios y verdadero hombre.

Antonio: *anacoretas*
Pacomio: *cenobitas*

San Benito funda el primer monasterio y escribe la Regla.

| 313 | 325 | 346-356 | 380 | 381 | 397 - 430 | 431 | 451 | 529 |

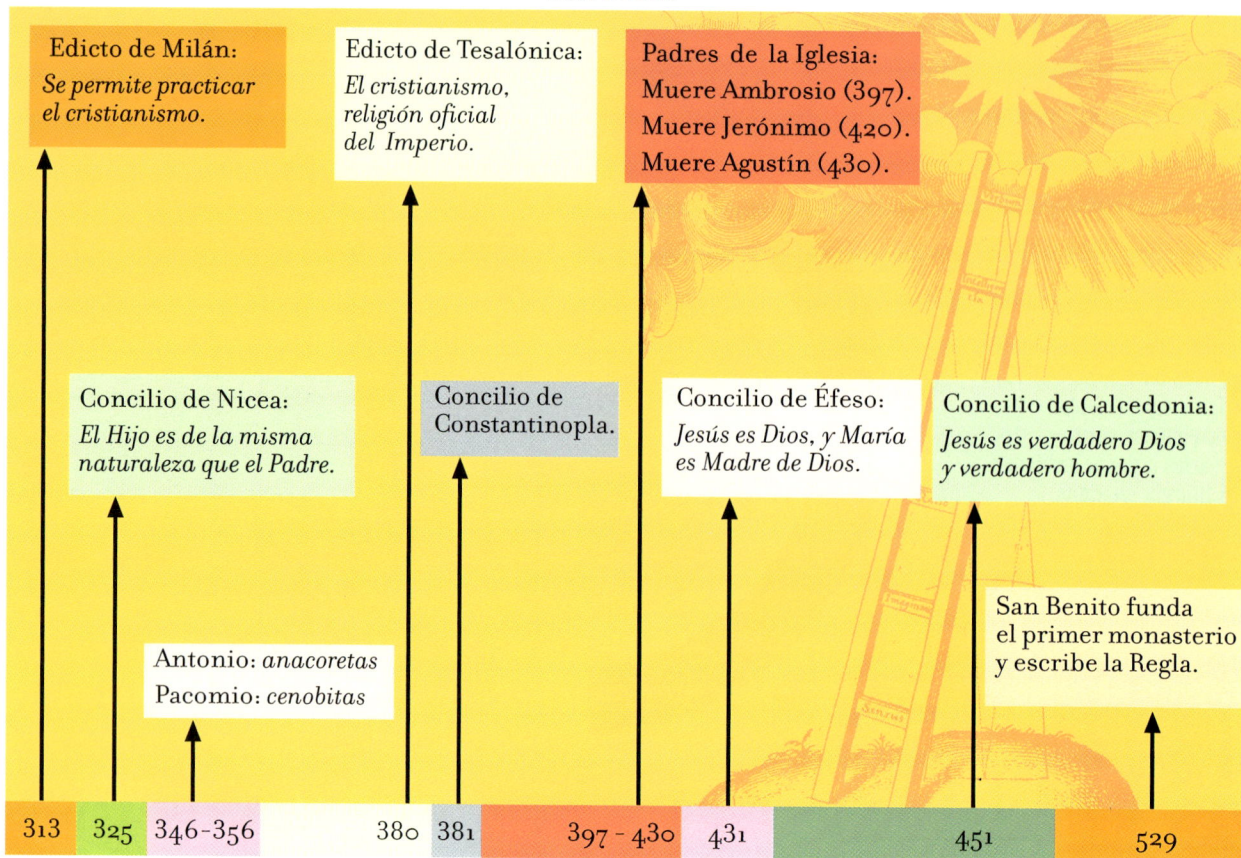

COMPRUEBA LO QUE SABES

Relaciona estos artículos del *Catecismo de la Iglesia Católica* con los contenidos que hemos estudiado en este capítulo.

- *El primer Concilio Ecuménico de Nicea, en el año 325, confesó en su Credo que el hijo de Dios es «engendrado, no creado, de la misma substancia que el Padre» y condenó a Arrio, que afirmaba que «el Hijo de Dios salió de la nada» y que sería de una substancia distinta de la del Padre* (n.° 465a).

- *La herejía nestoriana veía en Cristo una persona humana junto a la persona divina del Hijo de Dios. Frente a ella san Cirilo de Alejandría y el tercer concilio ecuménico reunido en Éfeso, en el año 431, confesaron que «el Verbo, al unirse en su persona a una carne animada por un alma racional, se hizo hombre»* (n.° 466a).

- *La humanidad de Cristo no tiene más sujeto que la persona divina del Hijo de Dios que la ha asumido y hecho suya desde su concepción. Por eso el Concilio de Éfeso proclamó en el año 431 que María llegó a ser con toda verdad Madre de Dios mediante la concepción humana del Hijo de Dios en su seno* (n.° 466b).

- *Enfrentados a esta herejía (el monofisismo), el cuarto Concilio Ecuménico de Calcedonia confesó en el año 451: Siguiendo, pues, a los Santos Padres, enseñamos unánimemente que hay que confesar a un solo y mismo Hijo y Señor nuestro Jesucristo: perfecto en la divinidad, y perfecto en la humanidad; verdaderamente Dios y verdaderamente hombre compuesto de alma racional y cuerpo; consubstancial con el Padre según la divinidad y consubstancial con nosotros según la humanidad* (n.° 467b).

- *Muchos religiosos han consagrado toda su vida a la oración. Desde el desierto de Egipto, eremitas, monjes y monjas han dedicado su tiempo a la alabanza de Dios y a la intercesión por su pueblo. La vida consagrada no se mantiene ni se propaga sin la oración; es una de las fuentes vivas de la contemplación y de la vida espiritual de la Iglesia* (n.° 2687).

1. San Jerónimo (c.342-420) y san Agustín de Hipona (354-430) son dos de los santos más reproducidos por los pintores y escultores de todos los tiempos.

– ¿A quiénes se representa en estos cuadros? ¿Con qué objetos o símbolos se les representa? ¿Por qué?

– Investiga en una enciclopedia o en Internet sobre la vida de estos personajes y sobre las representaciones que se han hecho de los mismos. ¿En qué escenas de su vida se han fijado los artistas? ¿Cuáles son los objetos o símbolos más frecuentes con los que se les representa?

2. ¿Cómo interpretas el contenido de esta viñeta?

SERÍA MÁS ATRACTIVA LA VIDA RELIGIOSA SI LOS RELIGIOSOS LE ECHARAN UN POQUITO MÁS DE VIDA.

Pobreza, castidad, obediencia... y fantasía.

José Luis CORTÉS, *Comicstoria de la Iglesia* (op. cit.).

3. En esta sopa de letras encontrarás el nombre de ocho Padres de la Iglesia

J	E	R	O	N	I	M	O	A
U	U	T	O	I	G	S	N	M
S	S	S	L	T	N	T	O	B
T	E	Z	I	S	A	R	E	R
I	B	K	R	U	C	D	N	O
N	I	M	I	G	I	A	E	S
O	O	N	C	A	O	L	R	I
X	A	T	A	N	A	S	I	O

EN LA RED

www.cristianismo-primitivo.com

Entra en esta dirección y selecciona el siglo IV, donde encontrarás una amplia información sobre Constantino y la Iglesia, algunos concilios de la época y los Padres de la Iglesia.

www.mercaba.org/CONCILIOS/concilio.htm

En esta página encontrarás una amplia información de los veinte concilios ecuménicos celebrados a lo largo de la historia de la Iglesia.

www.corazones.org/diccionario/padres_iglesia.htm

En esta dirección encontrarás una amplia información sobre los Padres de la Iglesia.

9

La Iglesia en la Edad Media

El período de diez siglos que va desde finales del siglo v a finales del xv ha recibido el nombre de Edad Media. Durante estos mil años sucedieron muchas cosas en la vida de la Iglesia. La Edad Media evoca catedrales, cruzadas, monasterios, enfrentamientos religiosos, etc. Veamos algunos de estos acontecimientos.

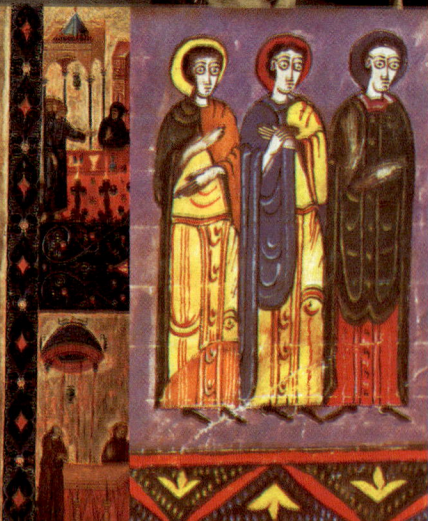

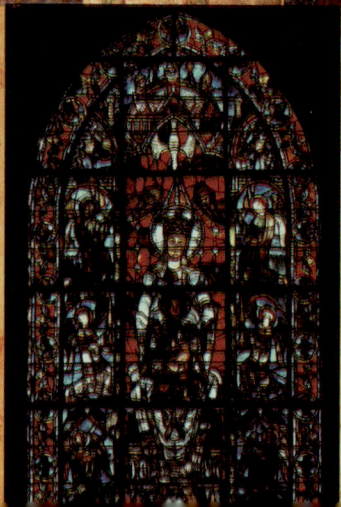

En el libro Cruzada en jeans, *un muchacho llamado Rudolf Heftling atraviesa el túnel del tiempo y llega al año 1212. Esto es lo que ocurre al llegar a aquella época:*

Dolf no había esperado tener que hablar con nadie de esa época. Suspiró y trató de recordar qué cosas sabía de la Edad Media. Sabía que todo el mundo era católico y que los emperadores alemanes disputaban el poder al Papa. Se construían grandes catedrales como la que se alzaba allá abajo, en Espira. Los caminos eran peligrosos, y los viajes, difíciles. Pero, aunque los caminos y los mares ofrecían muchos riesgos, abundaban los viajeros. Había cruzadas, torneos y luchas locales entre príncipes y rivales. La ciencia apenas había nacido, y la gente era muy supersticiosa. Los hombres llevaban amuletos para protegerse contra la desgracia, se santiguaban al menor indicio de dificultades y, cuando las cosas salían mal, le echaban la culpa al diablo.

Thea BECKMAN, *Cruzada en jeans*. Madrid, SM.

Analiza el texto y las imágenes

1. Dolf recuerda de la Edad Media una serie de hechos y acontecimientos. ¿Podrías añadir otros?

2. Relaciona algunos de estos hechos con las imágenes de estas dos páginas.

3. ¿Has visto alguna película o has leído algún libro que trate el tema de las cruzadas? ¿Qué cosas recuerdas de esos acontecimientos?

4. Intenta responder brevemente a estas preguntas:

    – ¿Qué sabes del camino de Santiago?

    – ¿Conoces monumentos medievales: iglesia, catedral, monasterio, castillo, etc.? ¿Qué sabes de ellos?

QUÉ BUSCAMOS

En el tema anterior hemos visto la vida de la Iglesia durante los siglos IV y V: nacimiento del monacato, controversias doctrinales, concilios ecuménicos, etc.

En este tema intentaremos conocer los principales acontecimientos y personas que han marcado la vida de la Iglesia y el cristianismo a lo largo de los mil años que van del siglo V al XV y que conocemos con el nombre de Edad Media.

CÓMO LO HAREMOS

- Comenzaremos estudiando la expansión del cristianismo entre los pueblos germánicos y los problemas que se derivaron de la unión entre el papado y el poder civil.

- Después nos fijaremos en la evolución de los monasterios y en la aparición de las órdenes mendicantes.

- Analizaremos las consecuencias que para la cristiandad tuvo la aparición del islam y los problemas internos de la Iglesia.

- Finalmente analizaremos cómo los creyentes, especialmente los monjes, reflejaron en el arte las verdades de la fe.

◥ LUCES Y SOMBRAS

Durante los mil años que duró la Edad Media se produjeron en la sociedad cristiana numerosos acontecimientos: unos causan alegría; otros, sonrojo.

1. Los textos que tienes a continuación pertenecen a Orosio y al *Capitulario* de Carlomagno sobre Sajonia. El primero es del siglo V; el segundo, del VIII.

   – Compáralos y describe las principales semejanzas y diferencias que encuentres en ellos.

   – Según la visión que se desprende de estos textos, ¿en qué crees que ha cambiado la sociedad y la Iglesia durante los tres siglos que separan un texto de otro?

¿Quién sabe? Quizá los bárbaros han penetrado en el Imperio romano precisamente para que por todas partes, en Oriente y en Occidente, las Iglesias de Cristo se llenen de hunos, de suevos, de vándalos, de burgundios y de otros innumerables pueblos de creyentes. ¿No habrá que alabar entonces y celebrar la misericordia divina, ya que, gracias a nuestra ruina, tantas naciones han tenido conocimiento de la verdad, con la que de otra forma no habrían entrado en contacto?

OROSIO, obispo de Braga (Portugal).

Todo el que, por desprecio al cristianismo, se niegue a respetar el santo ayuno de cuaresma y coma carne, tendrá pena de muerte.

Todo el que entregue a las llamas el cuerpo de un difunto, siguiendo el rito pagano, tendrá pena de muerte.

Todo sajón no bautizado que intente disimularlo entre sus compatriotas y se niegue a dejar que le administren el bautismo tendrá pena de muerte.

Todo el que maquine con los paganos contra los cristianos, tendrá pena de muerte.

Capitulario de Carlomagno.

2. En el siglo XI, el papa Gregorio VII convocó en Roma un concilio en el que fueron aprobadas una serie de decisiones. Según lo que se dice en ellas, averigua qué costumbres estaban extendidas en la Iglesia de la época feudal. ¿Qué te parecen? Razona tu respuesta.

El papa Gregorio VII.

• Todo el que haya sido promovido por simonía, es decir, pagando dinero por una de las órdenes sagradas o por un cargo eclesiástico, no podrá en adelante ejercer ningún ministerio en la Santa Iglesia.

• Los que obtengan iglesias pagando dinero perderán esas iglesias. En adelante, nadie podrá comprar o vender iglesias.

• Los sacerdotes casados no podrán celebrar misa ni ejercer en el altar las órdenes menores.

La caída del Imperio romano

A lo largo del siglo V, numerosos pueblos germánicos (vándalos, visigodos, francos…) invadieron
los territorios del Imperio romano de Occidente.

El papa León I tuvo que convencer primero a Atila y
luego a los vándalos de que no destruyeran Roma.

El último emperador romano de Occidente,
Rómulo Augústulo, fue depuesto en el año 476.
Comenzaba una nueva era histórica a la que cono-
cemos con el nombre de Edad Media.

Conversión de los pueblos germánicos

Los pueblos germánicos practicaban religiones
paganas o, como en el caso de los visigodos,
seguían la doctrina de Arrio, que fue condenada
en el Concilio de Nicea.

Los diferentes pueblos germánicos fueron hacién-
dose paulatinamente cristianos. Su conversión se
realizó en general de forma colectiva: el rey se
convertía y su decisión era secundada por todo el
pueblo. Así sucedió con Clodoveo, rey de los francos, o con Recaredo, rey de los visigodos.

El Imperio carolingio

La Iglesia buscó ayuda para su misión en los francos, que habían frenado el avance del islam por
Europa. En el año 800, el papa León III coronó
emperador a Carlomagno. Comenzó así una estrecha relación entre el poder político y el religioso.

El Imperio carolingio duró poco. Ante el avance
del islam, el papa Juan XII pidió ayuda a los ger-
manos. El año 962, el papa coronó emperador a
Otón I. Nacía así el Sacro Imperio Germánico,
que, al igual que sucedió con el carolingio, gene-
ró a la Iglesia más problemas que soluciones.

*Con Carlomagno
comenzó una
estrecha relación
entre el poder
político y el
religioso.*

*Durante la Edad
Media muchos
cargos
eclesiásticos
ejercieron como
señores feudales.*

La Iglesia feudal

Las invasiones de los pueblos germánicos llevaron
consigo la descomposición del sistema social
vigente hasta entonces. Surge entonces el feuda-
lismo. En este sistema se establece una nueva
relación entre el dueño de las tierras (señor feudal)
y los siervos que la trabajan (vasallos). Los siervos
juraban fidelidad a su señor a cambio de protección y del uso de las tierras.

La Iglesia también participa de este sistema feudal. Los obispos, por un lado, son señores, ya que
imparten justicia en sus tierras y poseen ejército
propio; por otro, son vasallos que dependen de
los reyes y de los señores feudales que les eligen.
Es lo que se conoce como *investidura laica*.

La imagen de los obispos de esta época deja
mucho que desear, pues su elección no obedece
solo a consideraciones religiosas. A veces los
cargos eclesiásticos se venden al mejor postor
(lo que se denomina *simonía*).

La guerra de las investiduras

Esta situación derivó en la llamada *guerra de las
investiduras*. El papa Gregorio VII prohibió la investidura de laicos y excomulgó en 1075 al
emperador Enrique IV por negarse a acatar la
decisión y liberando así a los súbditos del jura-
mento de fidelidad al rey. El emperador buscó el
perdón haciendo penitencia pública en Canosa.

El concordato de Worms (1122) puso punto final
a la guerra de las investiduras. Se acordó que la
Iglesia nombraría a los obispos y abades, aunque
estos deberían obediencia a su soberano.

Los monasterios

Durante la Alta Edad Media (siglos V al XI) los monasterios benedictinos ejercieron una importante labor tanto en la vida religiosa como en la social y cultural. Ellos fueron los evangelizadores de las poblaciones de Francia, Inglaterra y Alemania, y de pueblos más alejados. Enseñaron a los campesinos a cultivar las tierras y fueron los guardianes de la cultura clásica.

No obstante, al igual que ocurrió en las otras capas de la sociedad, cayeron en los abusos del poder. Se enriquecieron notablemente y sus abades se convirtieron en auténticos señores feudales.

Era necesaria una auténtica reforma, y esta se produjo en los siglos X y XI. Dos fueron los focos principales de esta reforma:

– La abadía de *Cluny* (910). Sus monjes comenzaron por restaurar los grandes principios de la Regla de san Benito. Para ello se independizaron del poder temporal y reformaron profundamente las costumbres que se habían introducido en los monasterios. Los monasterios dependientes de Cluny se extendieron por toda Europa llevando consigo el arte románico.

– La abadía de *Cîteaux* o *Cister* (1098). Los monjes de Cluny también fueron cayendo en algunos de los errores que cometieron sus antecesores. Por eso, casi dos siglos después, Roberto de Mollesmes intenta volver al primitivo rigor de Cluny y funda la abadía de *Cîteaux* o *Cister*.

Un monje cisterciense, Bernardo, fundó una comunidad en Claraval que se convertiría en uno de los monasterios más importantes de Europa.

La abadía de Cluny ejerció una gran influencia en toda Europa.

Muchas órdenes religiosas se inspiraron en la Regla de san Agustín.

San Agustín entrega la Regla a los hermanos.

Las órdenes mendicantes

En el siglo XIII, el desarrollo de las ciudades y la extensión de algunas herejías crean una situación nueva en la Iglesia. Los sacerdotes rurales eran incapaces de servir a las masas de pobres en las ciudades. Surgen en esta situación nuevas formas de vida religiosa, las *órdenes mendicantes*.

Nacen de la inspiración de algunos hombres notables, como el español santo Domingo de Guzmán (1170-1221), fundador de la orden de los predicadores o dominicos, o san Francisco de Asís (1182-1226), fundador de los hermanos franciscanos.

También estaban los agustinos o ermitaños de san Agustín, que surgieron de la fusión de diversas congregaciones agustinianas, y los carmelitas, que tomaron su nombre del monte Carmelo.

Los frailes mendicantes viven pobremente en pequeñas comunidades urbanas. Se dedican a la predicación y al trabajo intelectual. No disponen de las riquezas de las grandes abadías, sino que obtienen sus medios de subsistencia de limosnas (por eso se les llama *mendicantes*).

Las peregrinaciones: el camino de Santiago

La peregrinación es un viaje individual o colectivo, hecho por motivos religiosos, hacia un lugar considerado como sagrado. Los tres lugares más frecuentados fueron Jerusalén, Roma y Compostela.

La fama de Compostela se extendió por todo Occidente a partir del siglo X, adquiriendo una categoría similar a la de Roma o Jerusalén.

Francisco de Asís es uno de los santos más populares. Lee esta breve biografía y observa las viñetas.

– ¿Qué es lo que realmente le hizo cambiar su forma de vida? ¿Qué orden fundó y a qué se dedicaban sus miembros?

– ¿Qué otras cosas sabes de su vida? ¿Por qué crees que Francisco es hoy un santo tan popular?

Francisco nació en 1182 en Asís, un pequeño pueblo italiano. Su padre era un próspero negociante de telas, y su madre, una mujer sencilla y religiosa. Francisco lo tenía casi todo: medios económicos, amigos, simpatía... Sin embargo, aquello de lo que tanto disfrutó en la juventud no le llenaba. Dentro de él iba creciendo una inquietud que no le dejaba tranquilo: tenía que existir algo más importante en la vida que colmara sus deseos.

Francisco veía a su alrededor numerosos pobres y enfermos que estaban abandonados. También, a muchos religiosos que no vivían el espíritu de pobreza que predicaba el evangelio. A Francisco le parecía que aquellas personas se habían olvidado de Jesús y de su mensaje.

Cuando estaba con estas dudas se encontró con un leproso al que besó. Fue como un encuentro con Jesús. A partir de entonces comenzó a cambiar. Francisco notaba cómo Jesús le invitaba constantemente a liberarse de sus preocupaciones mundanas para vivir pobre y entregado. Todas las tardes, después del trabajo, se acercaba a San Damián, una iglesia en ruinas, para tratar de comprender con calma lo que le estaba pasando.

Francisco sintió de cerca la llamada de Jesús, abandonó todo y, junto con otros compañeros, optó por vivir pobre, célibe y obediente, intentando seguir de cerca los pasos de Jesús. Murió el 3 de octubre de 1226. Tenía cuarenta y cinco años.

José Luis CORTÉS, *Francisco el Buenagente*. Madrid, Paulinas.

123

◣ Los escenarios religiosos en torno al Mediterráneo

Observa estos dos mapas. El primero hace alusión a la situación geográfica del cristianismo en torno al año 600. El segundo reproduce esa misma situación, pero en el año 1060.

– Analiza los cambios que se han producido de una época a otra. ¿Sabrías explicar las causas?

Fuerte influencia cristiana hacia 600

El cristianismo hasta la aparición del islam.

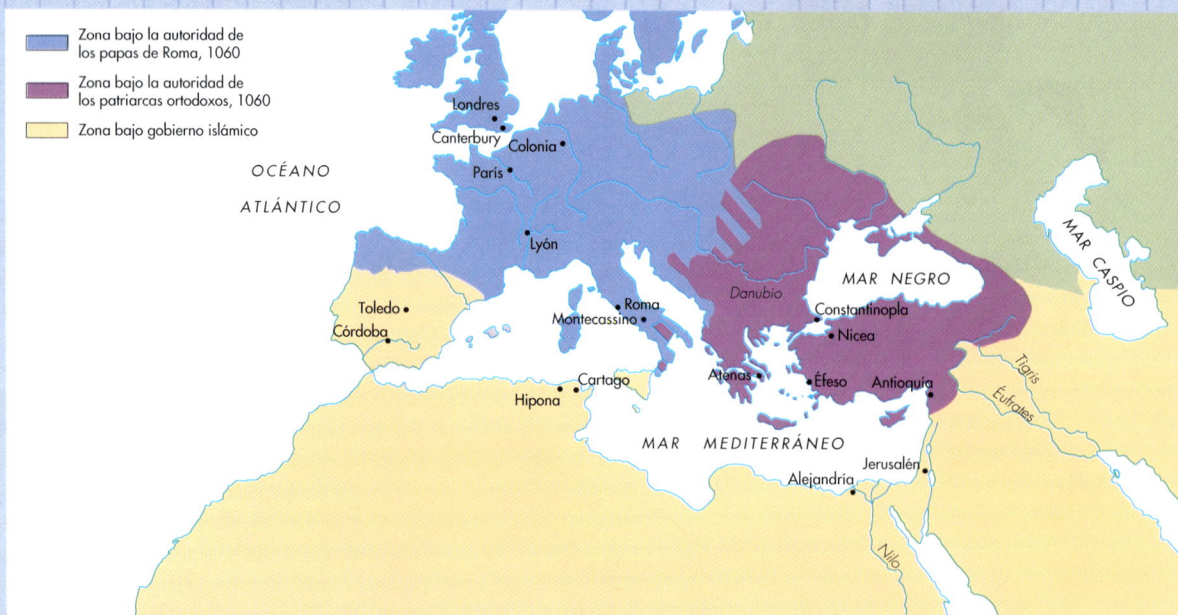

Zona bajo la autoridad de los papas de Roma, 1060

Zona bajo la autoridad de los patriarcas ortodoxos, 1060

Zona bajo gobierno islámico

El cristianismo después del cisma de Oriente.

La expansión del islam

A comienzos del siglo VII aparece con Mahoma una nueva religión: el *islam*. Mahoma se presentó como un gran profeta, predicó la creencia en un solo Dios, *Alá*, y dejó un libro sagrado, el *Corán*.

Tras su muerte, el islam se difundió rápidamente conquistando regiones que hasta entonces habían sido cristianas. En un siglo, el islam se había extendido, por el oeste, hasta España; por el este, hasta la India; y por el norte, hasta las riberas del mar Caspio.

Las relaciones entre las Iglesias cristianas de Oriente y Occidente se hicieron más difíciles, distanciándose cada vez más.

Las cruzadas

La expansión del islam trajo dos consecuencias para la Iglesia de Occidente:

- se cortaron las relaciones comerciales de los reinos cristianos con Oriente; y

- los peregrinos tuvieron serias dificultades para viajar a los Santos Lugares.

Los papas y los reyes de la cristiandad organizaron entonces expediciones guerreras para conquistar Tierra Santa. Entre los años 1095 y 1270 se produjeron ocho *cruzadas*. Jerusalén fue conquistada por los cristianos en el año 1099, en medio de atroces matanzas, aunque después sería reconquistada por los musulmanes.

Aunque militarmente fueron un fracaso, las cruzadas fortalecieron el poder del papa y abrieron nuevas rutas comerciales con Oriente. Sin embargo, contribuyeron a separar aún más Oriente y Occidente.

En el castillo de Peñíscola se refugió el papa Luna (Benedicto XIII) cuando fue depuesto en 1417.

El cisma de Oriente

La separación entre la Iglesia latina (occidental) y la Iglesia griega (oriental) se agranda cada vez más. Existen diversas razones: unas, de carácter político; otras, culturales; y otras, religiosas.

Todo ello trajo la ruptura entre las dos Iglesias, que se materializó en 1054, cuando el patriarca Miguel Cerulario mandó cerrar los monasterios latinos que había en Oriente. El papa León IX y el patriarca de Constantinopla se excomulgaron mutuamente. Así nació la *Iglesia ortodoxa*.

En el año 1964, el papa Pablo VI y el patriarca Atenágoras se encontraron en Jerusalén. Se fundieron en un abrazo y se levantaron la excomunión. Fue un primer paso en la reconciliación de dos Iglesias cristianas aún separadas.

El cisma de Occidente

La Iglesia vivió otro triste episodio que comenzó a finales del siglo XIV cuando en la Iglesia hubo simultáneamente dos papas: uno residía en Roma y otro en Aviñón (Francia).

Para solucionar el problema se reunió un concilio en Pisa que depuso a los dos papas y eligió a otro. Pero la situación empeoró porque, al no renunciar los anteriores, hubo tres papas.

Años después, en el Concilio de Constanza del año 1417 eligieron a un nuevo papa: Martín V. De los tres papas anteriores, dos renunciaron, pero no Benedicto XIII (el papa Luna), que huyó de Aviñón y se refugió en el castillo de Peñíscola, donde murió.

Las cruzadas contribuyeron a ensanchar el foso entre los cristianos de Oriente y de Occidente.

LA FE EN IMÁGENES

1. La ilustración de la derecha es un relieve del claustro del monasterio de Santo Domingo de Silos (Burgos). La otra es de un capitel de la iglesia de Saulieu Saint Andoche (Francia).

   – Describe las escenas que representan y trata de averiguar a qué relato bíblico corresponden.

2. Observa la imagen de esta catedral gótica y trata de localizar en ella los elementos arquitectónicos que se indican con ayuda de las definiciones que se dan de ellos.

Ventanal con vidrieras
Portada (con forma de arco apuntado; suele haber tres, recordando las tres Personas de la Santísima Trinidad)
Pináculos (adornos que rematan los elementos verticales para dar mayor sensación de altura)
Contrafuerte (pilar macizo adosado a un muro para reforzarlo)
Rosetón (ventana circular, calada y adornada con vidrieras)

El renacer de la cultura. Las universidades

La Iglesia fue la impulsora de la cultura cristiana en la Edad Media. Junto a los monasterios y catedrales se crearon escuelas monásticas y episcopales para los clérigos.

Hacia el año 1200 surgieron las primeras universidades: Palencia y Salamanca, en España; Bolonia, París y Oxford, en el resto de Europa. En ellas se estudiaba, en latín, teología, filosofía, derecho y medicina.

Al amparo de las universidades nacieron dos corrientes de pensamiento de gran influencia en toda la historia posterior de la Iglesia: la mística y la escolástica. Esta tuvo su principal representante en Tomás de Aquino (1225-1274).

Una biblia de piedra

El arte medieval fue uno de los medios fundamentales para la educación de la fe popular. A lo largo de la Edad Media se desarrollaron dos estilos artísticos diferentes, el románico y el gótico, vinculados a dos reformas monacales impulsadas desde las abadías de Cluny y de Cister.

Ambos movimientos artísticos surgen con una intención clara de servir a los principios que se habían propuesto: iluminar las verdades de la fe cristiana. Su utilidad fue grande no solo para los monjes sino también para una población mayoritariamente analfabeta.

El románico

El arte *románico*, de origen monástico, se desarrolló entre los siglos XI y XII como arte de la cristiandad europea unido a la orden monacal de Cluny. Se caracteriza por las bóvedas de cañón, el arco de medio punto y los sillares bien tallados.

El templo románico se presenta como una anticipación de la gloria divina en la tierra y como un resumen de las verdades de fe que los fieles deben creer.

Con el arte románico surgió por primera vez desde la caída del Imperio romano un lenguaje artístico con cierta homogeneidad en toda la Europa cristiana.

El gótico

El arte *gótico* se desarrolló en los siglos XIII y XIV. Si el románico estuvo ligado a la orden de Cluny, el gótico lo está a la orden del Cister.

Se puede hablar de dos tipos de construcciones: por un lado, los monasterios, que reflejan una gran austeridad y se levantan en lugares apartados, en consonancia con el principio de pobreza predicado por los cistercienses; y, por otro, las catedrales, esbeltas y situadas en las ciudades.

Las esculturas, las vidrieras y los frescos de las catedrales constituyen un catecismo en imágenes.

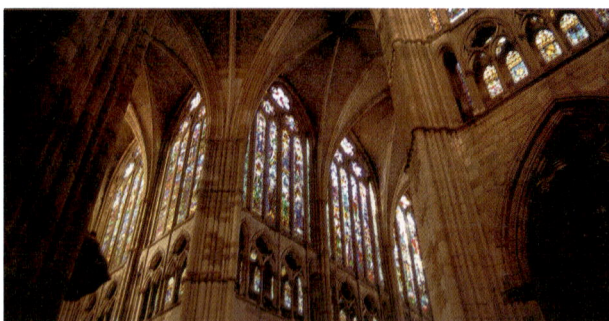

Las vidrieras, además de para enseñar episodios bíblicos, crean un clima de espiritualidad que facilita la unión del hombre con Dios.

Simbolismo de la catedral gótica

- La planta de cruz alude a la pasión de Cristo y a la redención.
- El número tres (que se refleja en las tres naves) alude a la Trinidad.
- El rosetón que corona la portada simboliza la perfección y eternidad de Dios, Señor del tiempo.
- Las portadas con sus esculturas son el anticipo de la gloria celestial.
- El pasillo que conduce desde la entrada al altar mayor simboliza el peregrinar del hombre sobre la tierra y el camino que conduce a Dios.

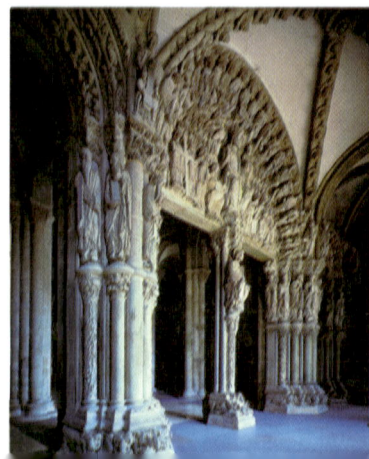

El templo románico se presenta como anticipación de la gloria divina en la tierra.

EL CAMINO DE SANTIAGO

En el siglo IX se extendió por toda la cristiandad la creencia de que en Compostela estaba enterrado el apóstol Santiago y allí se construyó un templo en su memoria. En el siglo XI, el lugar adquirió una categoría similar a Roma o a Jerusalén como centro de peregrinación del mundo cristiano. Se establecieron rutas fijas y surgieron así los caminos de peregrinación.

EL CAMINO DE SANTIAGO

Leyenda del mapa:
- Rutas tradicionales de peregrinación
- Rutas de la costa
- Ruta moderna
- Desviación habitual para visitar la Cámara Santa de Oviedo

Localidades en el mapa: París, Orleans, Vézelay, Tours, Bourges, La Charité, Poitiers, Châteauroux, Niort, S. Jean d'Angely, Neuvy-St.-Sépulchre, Cluny, Saintes, Bénévent, Clermont, Pons, Limoges, Brionde, Blaye, Périgueux, Conques, Burdeos, Figeac, Bègles, Cahors, La Réole, Saint Gilles, Condom, Moissac, Montpellier, Arles, Sorde, Bayona, Dax, Lectoure, Ostabat, Auch, Toulouse, Santillana del Mar, Oviedo, Villaviciosa, S. Sebastián, Ribadeo, Cudillero, Villalba, Llanes, Bilbao, Oloron, Sobrado, Salime, Vitoria, Pamplona, Canfranc, Santiago, Lugo, Carrión de los Condes, Palas del Rey, Pajares, León, Jaca, Portomarín, Astorga, Burgos, Puente la Reina, Villafranca, Sahagún, Nájera, Ponferrada, Frómista, Logroño, Sto. Domingo de la Calzada

Las peregrinaciones

Todas las culturas de la antigüedad conocieron la peregrinación.

Egipcios, griegos y romanos la practicaron, siempre ligada a la religiosidad de un santuario, es decir, aquel lugar especial donde se pueden obtener ciertos dones.

El cristianismo no fue ajeno a estas tradiciones; los lugares relacionados con Jesús, con los apóstoles y con los mártires fueron objeto de las primeras peregrinaciones cristianas.

COMPOSTELA

JERUSALÉN

ROMA

ANALIZA

1. Infórmate más sobre la vida de Santiago consultando estos textos bíblicos: *Mt 4, 21-22*; *Lc 9, 54-56*; *Mc 3, 18-19*; *Hch 12, 1-2*.

2. Imagínate que vas a hacer el camino de Santiago desde Roncesvalles hasta Compostela. Consulta un atlas y responde: ¿Qué ríos importantes y zonas montañosas atravesarías? ¿Qué monumentos de gran valor artísticos te encontrarías?

3. Si un peregrino recorre unos 20 kilómetros diarios, ¿cuántos días necesitará desde Roncesvalles hasta Compostela?

4. ¿Por qué motivo harías el camino de Santiago?

Quién fue Santiago

Santiago fue uno de los doce apóstoles. Era hijo del Zebedeo y hermano de Juan. Fue un hombre impulsivo. Quizás por eso recibió de Jesús el apelativo de "hijo del trueno".

Un hijo de Herodes el Grande, también llamado Herodes, lo mandó ajusticiar hacia el año 44 de nuestra era.

Diversos caminos

Aunque el camino más transitado y el más conocido es el que transcurre desde Roncesvalles, pasando por Navarra, La Rioja y Castilla y León, hasta Compostela, en Galicia, hubo sin embargo otras rutas, entre las que destaca la ruta de la Costa junto al mar Cantábrico.

La vestimenta del peregrino

La vestimenta del peregrino ha cambiado mucho durante estos siglos, aunque se mantienen algunos símbolos como la concha, que identifica a los peregrinos, el bordón o bastón y el morral o mochila. Otros signos menos frecuentes hoy día son el sombrero de ala ancha y la capa.

Otros lugares de peregrinación

Jerusalén: El sepulcro vacío de Jesús en Jerusalén, así como otros lugares que recordaban el paso de Jesús por esta vida, fueron desde muy pronto importantes focos de atracción de los primeros peregrinos cristianos.

Roma: Las tumbas de los apóstoles Pedro y Pablo en Roma, sobre las que el emperador Constantino construyó grandiosas basílicas, fue otro de los lugares de peregrinación desde la antigüedad.

Seguir las huellas

Antiguamente el camino de Santiago se señalaba con cruces. Hoy se marca con señales amarillas sobre fondo azul que representan la concha del peregrino.

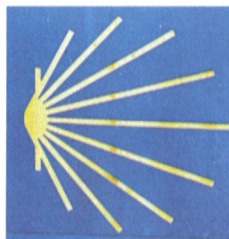

Tumba de san Pedro, en Roma.

SÍNTESIS

ROMÁNICO   **GÓTICO**

Conversión de Clodoveo, rey de los francos	Los musulmanes entran en la península Ibérica	Fundación de la abadía de Cluny	Guerra de las investiduras	Reforma del Cister

Caída del Imperio romano de Occidente	San Benito escribe su Regla para los monjes	Coronación de Carlomagno	Cisma de Oriente	Primera cruzada	Fundación de órdenes mendicantes

476	496	529	711	800	910	1054	1076	1095	1098	1200

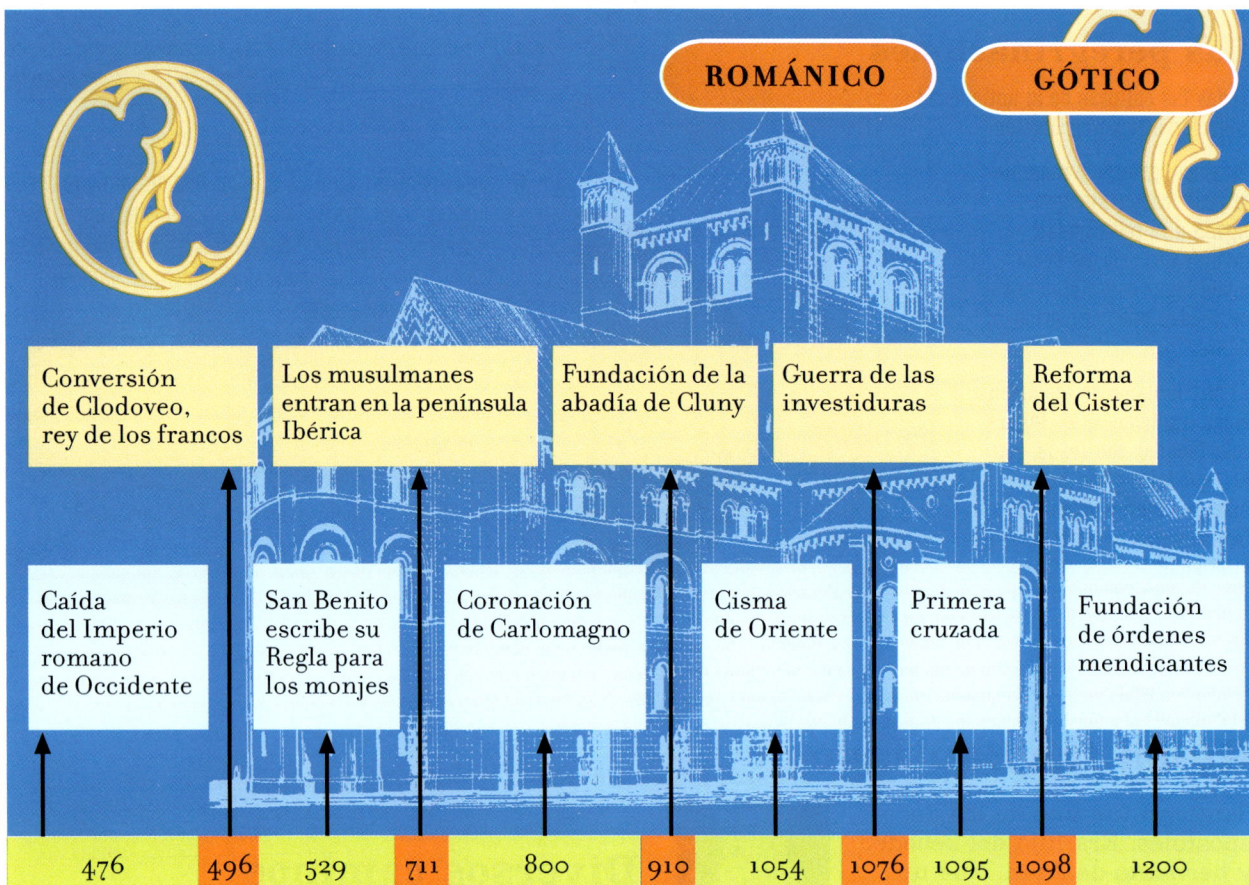

COMPRUEBA LO QUE SABES

Lee estos textos del *Catecismo de la Iglesia Católica*. Relaciónalos con los diferentes apartados que has visto en este tema.

- *El primer mandamiento de Dios reprueba los principales pecados de irreligión: la acción de tentar a Dios con palabras o con obras, el sacrilegio y la simonía* (n.º 2118).

- *La simonía (cf. Hch 8, 9-24) se define como la compra o venta de cosas espirituales. (...) Es imposible apropiarse de los bienes espirituales y de comportarse respecto a ellos como un poseedor o un dueño, pues tienen su fuente en Dios. Solo es posible recibirlos gratuitamente de él* (n.º 2121).

- *En esta una y única Iglesia de Dios aparecieron ya desde los primeros tiempos algunas escisiones que el apóstol [Pablo] reprueba severamente como condenables; y en siglos posteriores surgieron disensiones más amplias y comunidades no pequeñas se separaron de la comunión plena con la Iglesia católica y, a veces, no sin culpa de los hombres de ambas partes* (n.º 817).

- *«La belleza y el color de las imágenes estimulan mi oración. Es una fiesta para mis ojos, del mismo modo que el espectáculo del campo estimula mi corazón para dar gloria a Dios» (san Juan Damasceno). La contemplación de las sagradas imágenes, unida a la meditación de la Palabra de Dios y al canto de los himnos litúrgicos, forma parte de la armonía de los signos de la celebración para que el misterio celebrado se grabe en la memoria del corazón y se exprese luego en la vida nueva de los fieles* (n.º 1162).

- *Las peregrinaciones evocan nuestro caminar por la tierra hacia el cielo. Son tradicionalmente tiempos fuertes de renovación de la oración. Los santuarios son, para los peregrinos en busca de fuentes vivas, lugares excepcionales para vivir "en Iglesia" las formas de oración cristiana* (n.º 2691).

1. Jerusalén es ciudad santa para tres religiones: la judía, la cristiana y el islam. Intenta completar estas tres frases:

- *Para mí, que soy judío, Jerusalén es mi ciudad sagrada porque...*
- *Para mí, que soy musulmán, Jerusalén es mi ciudad sagrada porque...*
- *Para mí, que soy cristiano, Jerusalén es mi ciudad sagrada porque...*

2. Une correctamente los siguientes términos:

Clodoveo • • Camino
Cluny • • Cruzadas
Cister • • Románico
Santiago • • Cisma
Jerusalén • • Bernardo
Oriente • • Francos

3. Rellena el siguiente acróstico con las definiciones que aparecen a continuación:

1. _ _ _ _ E _
2. _ _ _ D
3. _ _ _ _ _ A
4. _ _ _ D _ _ _ _
5. _ _ M _ _ _ _ _
6. _ _ _ E _ _ _ _
7. D _ _ _ _ _ _
8. _ I _ _ _
9. _ _ A _ _ _ _ _

1. Allí promovió san Bernardo una reforma del monacato. 2. Superior de un monasterio. 3. Símbolo que llevan los peregrinos que van a Compostela. 4. Rey de los francos convertido al cristianismo. 5. Una de las corrientes artísticas medievales. 6. Iglesia principal de una diócesis. 7. Santo español que fundó una orden mendicante. 8. Ruptura que se produce en la Iglesia. 9. Nació en Asís y fundó una orden mendicante.

4. Analiza el contenido de esta viñeta. ¿Estás de acuerdo con lo que en ella se dice? ¿Qué "cruzadas" crees que son más necesarias de llevar a cabo hoy?

José Luis CORTÉS, *Comicstoria de la Iglesia.*

5. Esta fotografía en la que aparecen el papa Pablo VI y el patriarca griego Atenágoras es histórica; ¿sabes por qué?

EN LA RED

www.san-francesco.org
Una estupenda página sobre san Francisco de Asís. En ella puedes viajar por Asís, contemplar numerosos cuadros sobre la vida del santo o leer algunas de las historias ("florecillas") que se cuentan sobre él.

cvc.cervantes.es
Si entras en esta página, en el apartado "Camino de Santiago" podrás convertirte en un peregrino virtual. Puedes elegir una de las etapas y realizar el recorrido.

usuarios.lycos.es/garcir1/index.htm
En esta página podrás viajar a cualquier monasterio de España. Busca en el mapa el que esté más cerca de tu localidad y visítalo.

10

Construir un mundo nuevo

Comenzábamos este libro afirmando que las personas deseamos ser felices. Pero no vivimos ni solos ni aislados, sino que formamos parte de la sociedad. Por eso, de la felicidad de los otros depende también nuestra felicidad, y viceversa.

El mensaje de Jesús no es solo para una persona, sino para toda la humanidad.

Si alguien que tiene bienes en este mundo ve a su hermano en necesidad y no se apiada de él, ¿cómo puede permanecer en él el amor de Dios? Hijos míos, no amemos de palabra ni con la boca, sino con hechos y de verdad.

(1 Jn 3, 17-18)

El transatlántico

Es un maravilloso transatlántico. Posee todas las comodidades imaginables. En él hay agua dulce y salada, fría y caliente. Hay luz y oscuridad, incluso se podría decir que hay amaneceres y atardeceres, pues en unas estancias hay una potente luz cenital y en otras una suave y acogedora iluminación. Hay todo tipo de plantas que decoran cualquier rincón. Desde cubierta se ven pájaros revoloteando en el cielo y peces jugueteando en el mar.

En el barco hay multitud de pasajeros. Unos ocupan lujosos camarotes; otros, sencillas estancias. Los hay que viven hacinados en los sótanos con medios escasos para hacer la travesía, y los hay que sobreviven en las bodegas soportando unas durísimas condiciones de vida.

El barco sigue siempre su ritmo, sin detenerse. Aparentemente todo está en calma. Los de los camarotes lujosos viven sin preocuparse de los otros, tienen abundancia de todo y creen no necesitar de los demás. Los de la bodega, en cambio, sí creen necesitar de los de arriba, quieren hablar con ellos, compartir sus cosas, ver sus estancias. Pero esto les es negado.

Todos viajan juntos y hacia un mismo destino, pero un día...

Analiza el texto y las imágenes

1. El relato *El transatlántico* es claramente una analogía. ¿Qué crees que significa?

   – El relato está incompleto; termínalo tú siguiendo la misma analogía.

   – ¿Qué has querido decir con ese final con que has concluido el relato?

2. La imagen que tienes al lado pertenece a Matrix, una película de ciencia ficción. Este género cinematográfico sirve para imaginar otros mundos posibles.

   – Si has visto esta película, ¿crees que en ella se dan situaciones que recuerdan nuestra sociedad? ¿Tiene la película una dimensión espiritual cristiana?

   – Si no la has visto, imagina un mundo posible en el que los principios cristianos estuvieran extendidos. ¿Cómo sería ese mundo? ¿Qué es lo que no habría de lo que existe hoy?

QUÉ BUSCAMOS	CÓMO LO HAREMOS
Como si el camino de Santiago, con el que terminábamos el tema anterior, nos condujera hasta la actualidad, nos detendremos en conocer las características de la sociedad en la que vivimos.	• Primero analizaremos algunos de los problemas más comunes que vive la sociedad de hoy.
Queremos saber qué situaciones se producen hoy en nuestro entorno y cuál debe ser el compromiso del cristiano con todos nuestros semejantes, especialmente con los más desposeídos.	• Después nos fijaremos en el lugar que ocupa el ser humano en este mundo y conoceremos la necesidad de colaborar todos en la construcción de una sociedad más justa y solidaria.
	• Finalmente nos centraremos en conocer cuál debe ser el compromiso del cristiano y en qué o en quién se fundamenta.

U N   R O S T R O   H E R I D O

En nuestro mundo se dan situaciones muy extremas que hieren y producen divisiones y enfrentamientos entre las personas que formamos esta sociedad.

1. Observa atentamente las diferentes situaciones que reflejan estas viñetas y los recortes de periódico.

   – Haz una lista de los problemas que aquí aparecen.

   – Añade a esa lista otros problemas que tiene la sociedad y que no están presentes aquí.

   – Clasifica esos problemas de más importante a menos importante.

   – Relaciona todos los problemas, los que están aquí reflejados y los que has añadido, de causa a efecto; es decir, indica qué problema genera otro problema.

EL ROTO, en *El País*.

OLMO, *Norte y Sur*. Madrid, PPC.

MINGOTE, *Mingoterapia*. Madrid, PPC.

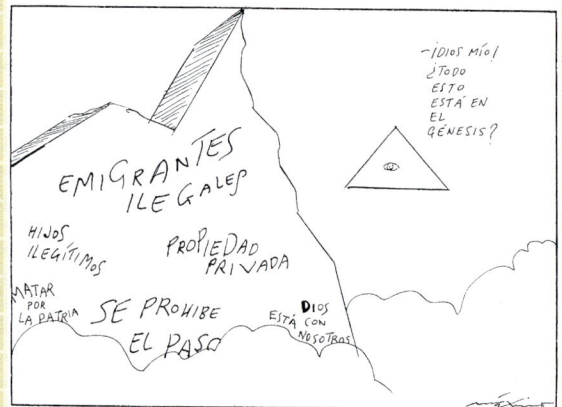

MÁXIMO, en *El País*.

Más de 4000 inmigrantes, muertos en aguas españolas

AUNQUE EL NÚMERO DE MUERTOS ÚLTIMAMENTE HA DESCENDIDO, LAS CIFRAS NO DEJAN DE SER ESCALOFRIANTES.

El número de muertes y desaparecidos de inmigrantes en aguas españolas del estrecho de Gibraltar y entre África y Canarias bajó de 114 a 32 entre enero y junio de 2001 y el mismo período de 2002.

A pesar del descenso, la Asociación de Trabajadores e Inmigrantes recordó que el número de víctimas por esta situación desde 1997 llega ya a 4000.

Cada año mueren 55000 jóvenes en Europa a causa del alcohol

EL CONSUMO DE ALCOHOL ES UNA DE LAS CAUSAS PRINCIPALES DE MUERTE ENTRE JÓVENES ENTRE 15 Y 29 AÑOS.

En 2000 se presentó un estudio sobre el impacto del alcohol en los jóvenes. El resultado era aterrador: cada año mueren 55000 jóvenes de entre 15 y 29 años en Europa a causa del alcohol, bien en un accidente, una agresión o un homicidio. Si se analiza la mortalidad de este grupo de personas, se observa que, de cada cuatro muertes, una está relacionada con el consumo de alcohol.

2. Una vez que has analizado los problemas, selecciona uno de ellos y profundiza en el mismo siguiendo estos pasos:

– Describe lo más ampliamente posible en qué consiste el problema, a cuántas personas afecta, dónde está más extendido...

– Analiza las posibles causas que generan ese hecho y las consecuencias que produce. ¿Qué es lo que más contribuye a que se dé ese problema? ¿Cómo crees que afecta a las personas que lo padecen?

– ¿Qué se podría hacer a nivel personal, escolar o institucional para solucionar o, al menos, paliar esa situación?

MINGOTE, *Mingoterapia*. Madrid, PPC.

Conocer la realidad

Nadie puede ni debe vivir de espaldas a la realidad que le rodea; tampoco el cristiano.

Las instituciones y las estructuras que rigen la vida económica, social, política, tecnológica o cultural tienen tanta importancia para el desarrollo de la persona, que no pueden dejarse a un lado.

Pero, en la sociedad actual, los problemas pueden ser complejos, y las causas que los generan, múltiples. No se puede reducir el análisis de un problema a una simple constatación de opiniones diversas.

Hay que profundizar en las raíces y en la dimensión de los problemas, contrastar su origen y valorar las consecuencias que tienen para la sociedad.

Valorar los hechos a la luz del evangelio

Para un cristiano el criterio fundamental para juzgar la realidad es el mensaje de Jesús. En el evangelio se contienen claramente algunas verdades fundamentales:

– Jesús afirma y proclama de forma tajante que todos los seres humanos, hombres o mujeres, tienen la misma dignidad, sean de la etnia, pueblo nación que sean, pertenezcan a una u otra cultura, o profesen una tendencia política u otra.

– Del mensaje del evangelio se deduce también que la persona es un ser social por naturaleza; y, además, el centro de la sociedad. Por tanto, todas las estructuras sociales tienen que tener como fin principal el bien de la persona.

◣ SEÑOR DE TODAS LAS CRIATURAS

No podemos construir un mundo nuevo si no comenzamos por valorar nuestra persona y la de los demás.

1. En la parte izquierda de este cuadro tienes algunas afirmaciones tomadas del Concilio Vaticano II sobre la dignidad de la persona; en la parte derecha, algunos conceptos que sintetizan lo que el Concilio dice. Relaciona el texto del Concilio con las frases.

- El hombre fue creado "a imagen de Dios", capaz de conocer y amar a su creador, constituido por él como señor de todas las criaturas para que las gobernase e hiciera uso de ellas, dando gloria a Dios.

- Dios no creó al hombre solo, ya que, desde los comienzos, «los creó varón y hembra» haciendo así, de esta asociación de hombre y mujer, la primera forma de una comunidad de personas.

- La dignidad humana requiere que el hombre actúe según su conciencia y libre elección, es decir, movido e inducido por su convicción interna personal y no bajo presión de un ciego impulso interior o de la mera coacción externa.

Gaudium et spes, 12-17.

- *Hombre y mujer poseen la misma dignidad.*

- *Las personas hemos sido creadas a imagen y semejanza de Dios.*

- *Las personas poseen una dignidad superior a todo lo creado.*

- *Las personas deben actuar libremente según su conciencia.*

- *La persona es un ser social.*

2. De la dignidad de la persona se deriva una serie de derechos. Estos pertenecen a toda persona por el mero hecho de ser persona, sean del país, cultura, grupo social o religión que sean.

– A partir del texto de la encíclica *Pacem in terris*, elabora un lista en la que se contengan los principales derechos que tienen las personas y sin los cuales se atacaría a su dignidad. ¿Cuáles de estos derechos crees que son hoy más pisoteados?

– ¿A qué situaciones se refiere la viñeta de Máximo? ¿Qué opinas de la misma?

- El hombre tiene derecho a la existencia, a la integridad corporal, a los medios necesarios para un decoroso nivel de vida. El hombre tiene derecho a la seguridad personal en caso de enfermedad, invalidez, viudedad, vejez, paro (11)

- El hombre exige, por derecho natural, el debido respeto a su persona, la buena reputación social, la posibilidad de buscar la verdad libremente (12)

- Es un derecho natural del hombre el acceso a los bienes de la cultura (13)

- El poder venerar a Dios, según la recta norma de su conciencia, y profesar la religión en privado y en público (14)

Juan XXIII, *Pacem in terris.*

¿Y QUIÉNES SON PARA LOS HOMBRES "ILEGALES" DECLARAR "ILEGALES" A OTROS HOMBRES?

MÁXIMO, en *El País.*

Superior al universo entero

Por importante que sea lo que nos rodea, nada lo es tanto como la persona. El ser humano es muy superior a cualquier animal o vegetal. Hay animales más fuertes y más veloces, pero ninguno es comparable a lo que es el hombre.

El Concilio Vaticano II lo resume así: «No se equivoca el hombre al afirmar su superioridad sobre el universo material. Por su interioridad es superior al universo entero».

Dotado de inteligencia

El ser humano es capaz de pensar, de comunicarse, de inventar. Crea arte, levanta monumentos, fabrica sofisticados instrumentos tecnológicos.

En el desarrollo de su capacidad mental el hombre ha domesticado parte de la naturaleza y ha multiplicado su potencia creando nuevas fuentes de energía, viajando por el espacio, sondeando las entrañas de la tierra.

Pero, además, el ser humano es capaz de reflexionar sobre sí mismo, sobre su vida y sus actos. Busca las causas de lo que le acontece y analiza sus consecuencias. Así ha logrado entender lo que sucede fuera y dentro de sí.

Libre y responsable

Son muchas las elecciones que hacemos en la vida. Por medio de estas elecciones cada uno va construyendo su personalidad, su forma de ser. Y somos capaces de elegir porque somos seres dotados de libertad.

Para poder desarrollar la libertad, el hombre no tiene que estar sometido a ninguna fuerza externa o interna que le impida optar por aquello que más le puede realizar como persona.

Tanto las fuerzas externas (represión, explotación, marginación, etc.) como las internas (egoísmo, envidia, rencor, etc.) dificultan las elecciones libres.

El hombre, por ser libre, es responsable; es decir, tiene que asumir las consecuencias de lo que hace.

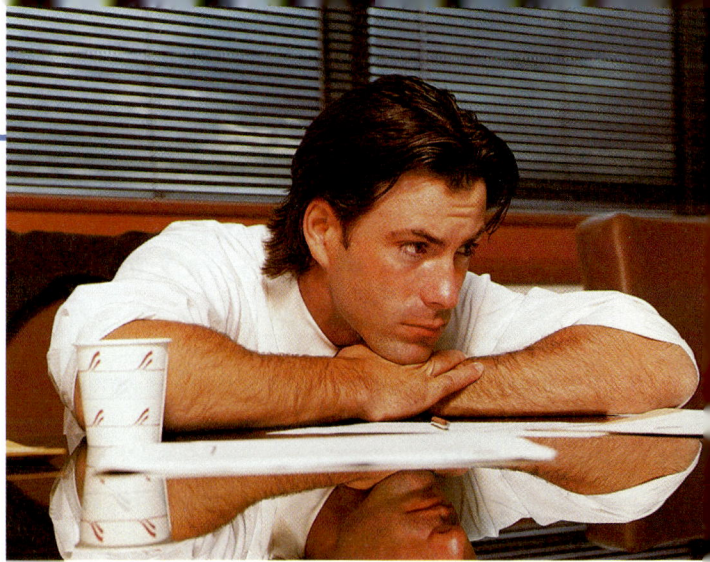

El ser humano es capaz de entender lo que sucede dentro y fuera de sí.

Las amenazas a nuestra dignidad

Nunca el ser humano ha tenido tantos medios a su alcance para desarrollar su personalidad y, sin embargo, nunca ha estado expuesto a tantos peligros de ser despojado de su dignidad.

– La información que recibimos está muchas veces mediatizada por intereses partidistas.

– La competitividad que lejos de potenciar las cualidades de la persona la convierte en una pieza de un engranaje que no sabe ni el sentido de su trabajo ni la función que desempeña.

– El individualismo nos puede hacer caer en un egoísmo narcisista que nos prive de desarrollarnos como personas.

– La masificación que arrebata la iniciativa personal y convierte a la persona en objeto fácilmente manipulable.

Crecer en humanidad

Frente a esta serie de amenazas el hombre ha de buscar tiempo y espacio para estar consigo mismo, para construirse como ser dotado de inteligencia y libertad.

Con frecuencia el hombre entrega su propio yo, sus creencias y comportamientos a una fuerza mayor que le manipula, sea esta una marca de ropa, un colectivo de hinchas o un local de evasión.

Defender todas las dimensiones de la persona es una tarea fundamental del cristiano. No se puede parcializar la ayuda: o se defiende al ser humano en su conjunto y a todo ser humano, o se está adulterando el mensaje del evangelio.

¿ME QUIERES AYUDAR?

1. Lee y, si te es posible, escucha esta canción. ¿Qué es lo principal que denuncia la letra de la misma?

   – ¿Crees que esa situación es frecuente en el entorno en el que vives?

   – A tu juicio, ¿cuáles son las causas principales de esa situación? ¿Qué se puede hacer?

Gente sola

Hay gente en la cola de todos los cines,
gente que llora, gente que ríe,
gente que sube y que baja de un coche,
gente en el rastro y en los ascensores,
gente en la guagua, en el metro,
en la lluvia, en un árbol,
gente en la cuesta,
vestida, desnuda, cantando,
gente con sombra con dudas,
gente que añora y que ayuda,
gente que vive a la moda,
gente que viene y que va,
pero qué sola está.

Hay gente que sueña,
que abraza a otra gente,
gente que reza y luego no entiende,
gente durmiendo en el borde del río,
gente en los parques,
gente en los libros,
gente esperando en los bancos de todas las plazas,
gente que muere en el borde de cada palabra,
gente que cuenta las horas,
gente que siente que sobra,
gente que busca a otra gente,
en la misma ciudad,
pero qué sola está.

Pedro GUERRA

2. Lee este testimonio de un anciano sacerdote que ha dedicado la mayor parte de su vida a atender a los más necesitados. ¿Qué opinión te merece la actitud del sacerdote? ¿Conoces a grupos que dedican su esfuerzo a ayudar a los demás? ¿Qué hacen?

Al amanecer de un frío día invernal el Abbé Pierre escuchó unos fuertes golpes en su puerta. Un joven visiblemente nervioso le comunicó que acababa de ver a un muchacho tendido en el suelo que había intentado suicidarse.

El Abbé Pierre salió a toda prisa. Se acercó al joven y le atendió. Hacía unos días había salido de la cárcel. Estaba solo, sin familia ni amigos, y en su soledad había elegido el camino del suicidio.

El sacerdote no le dijo lo de siempre («No te preocupes, te voy a echar una mano»), sino todo lo contrario:

–No tengo tiempo para dedicarlo a ti. Trabajo todo el día; incluso muchas noches dedico el poco tiempo que me queda a ayudar a las madres abandonadas, a los niños enfermos, a gente que no tiene techo. Yo también estoy enfermo y no puedo más. ¿Me quieres ayudar? Antes de poner fin a tu vida, ¿quieres echar una mano a toda esa gente que espera la ayuda y el consuelo de alguien?

Aquel joven reaccionó. Fue el inicio de las Comunidades de Emaús, grupos de personas que dedican su tiempo y su esfuerzo a ayudar a los más necesitados, especialmente a las personas sin techo y las más abandonadas.

La persona, ser social

La persona es un ser social por naturaleza. Ni estamos solos ni vivimos solos en este planeta. Formamos parte de un amplio colectivo de personas y, aunque a veces no nos parezca, nos necesitamos unos a otros.

La persona, pues, es el centro de la sociedad; y, por tanto, todas las estructuras sociales deben tener como fin principal el que el mayor número de personas puedan desarrollar las facultades que poseen: ejercer su libertad, desarrollar su inteligencia, satisfacer sus necesidades. Y, sobre todo, facilitar todos los medios posibles para que las personas puedan vivir felices.

«Cuanto hicisteis con uno de estos mis hermanos más pequeños, conmigo lo hicisteis.»

Solidaridad con todos

De la dignidad de la persona y de su sociabilidad se deriva una serie de principios que deben regular toda la vida social. Entre ellos se encuentran:

- La **primacía del bien común** sobre el bien particular. El bien común debe estar orientado al desarrollo íntegro de la persona y a la conquista del mayor grado de felicidad posible.

- **Solidaridad** con todos. La sociedad se compone de multitud de miembros, muchos de los cuales carecen de los bienes más elementales para vivir y de los medios necesarios para desarrollarse como personas. Los bienes de la tierra están destinados al uso de todos.

- La **participación** en la organización de la sociedad. No se puede excluir a nadie de los organismos que rigen la sociedad, sea en el trabajo, la escuela, la vida política o la actividad social.

Los bienes de la tierra están destinados al uso y disfrute de todos.

Atención a los más necesitados

Entre quienes formamos la humanidad hay colectivos que viven situaciones especialmente difíciles. Es a estos colectivos a los que hay que prestar una atención mayor:

- Los **niños**, muchas veces explotados y otras muchas abandonados. El informe *Estado mundial de la infancia* señala fuertes carencias en la atención a los más pequeños: casi el 20% de los niños del mundo está sin escolarizar; casi un 30% sufre malnutrición; miles de niños están sometidos a duros trabajos propios de los adultos; hay niños abandonados y niños que son vendidos como si fueran esclavos; y, lo peor de todo, hay millones de niños que fallecen por causas que habrían sido perfectamente evitables.

- Los **marginados** de la sociedad, aquellos que por diversas circunstancias de la vida se ven abocados a sobrevivir en circunstancias durísimas: madres abandonadas o mujeres agredidas, ancianos que arrastran una dura soledad, personas que por falta de medios no tienen acceso a la cultura, o parados que no pueden desarrollar las cualidades que tienen.

El mensaje de Jesús no deja lugar a dudas en lo que se refiere a la atención de los desposeídos de los bienes de este mundo: «Cuanto hicisteis con uno de estos mis hermanos más pequeños, conmigo lo hicisteis. Cuanto dejasteis de hacer con uno de estos pequeños, también conmigo dejasteis de hacerlo».

◣ P R O P U E S T A   D E   T R A B A J O

1. ¿Crees que lo que refleja la historieta es una realidad? ¿Por qué?

QUINO, *Todo Mafalda*. Barcelona, Lumen.

2. El mensaje que transmiten estas viñetas ¿es válido para mejorar esta sociedad? ¿Por qué?

José Luis CORTÉS.

3. ¿Estás de acuerdo con lo que Lluís Llach dice en esta canción? ¿Por qué?

Un himno para no ganar

Un himno para no ganar,
para no vencer nunca haciendo la guerra,
que destroce cualquier razón,
que nos empuje a luchar.
Déjame, pues, cantar
este himno para no ganar.

Solo somos si vosotros sois vida,
solo tenemos si podemos compartirla.
Que de nada nos vale la vida en la muerte,
la paz en el miedo...
Dejadme, pues, cantar
este himno para no ganar.

Un himno que sea un canto
en el que se mezclen todas las lenguas
que nos permiten el mágico
sonido de la palabra *amar*.
Dejadme, pues, cantar
este himno para no ganar.

Diferentes en la piel y en el habla,
nos enriquecéis cuando no sois como nosotros.
Nos damos lo diverso, compartimos lo distinto
y queremos el universo para convivir en un solo destino.
Un himno para decir bien alto:
«Ni nos hace falta, ni queremos ganar».

Lluís LLACH

Necesidad del compromiso del cristiano

Como hemos visto, son muchas las estructuras injustas que perviven en nuestra sociedad. Ante esa realidad nos preguntamos cuál debe ser el compromiso del cristiano para transformar aquellas estructuras que humillan a la persona, destruyen la convivencia e imposibilitan el desarrollo armónico de la sociedad.

La respuesta no es fácil porque las situaciones muchas veces son muy complicadas y no siempre se tiene claro cuál debe ser el compromiso que requiere la fe y el que pide la realidad social.

Ahora bien, el compromiso del cristiano en la mejora de la sociedad es ineludible porque nadie puede desvincularse de la realidad sociopolítica que le rodea; y es inaplazable porque los problemas de la sociedad no dejan de crecer y cada día se hacen más graves.

Cristo es el fundamento

Para el cristiano, la base que fundamenta su acción no es una ideología sino una persona: Jesucristo. La novedad de la actuación del cristiano no radica en lo que hace sino en quién ha dado origen a su entrega.

Jesús no preconizó ningún modelo sociopolítico concreto ni señaló ningún programa de actuación determinado, pero sí marcó un estilo que debe caracterizar los actos liberadores del cristiano. Descubrir ese estilo y ponerlo en práctica es tarea de todos los seguidores de Jesús.

Liberar de todas las opresiones

Siguiendo el ejemplo de Jesús, el cristiano debe buscar la liberación plena de todas las personas. No solo de las opresiones que esclavizan su interior sino también de las que le impiden vivir plenamente sus relaciones con la sociedad. Por encima de las ideologías, razas, clases sociales y opciones políticas está la persona.

Vivir amando

Solo un profundo amor a la persona y a la sociedad es capaz de avivar y mantener el compromiso liberador y, a la vez, constituye el mejor antídoto para no convertirse en opresores.

Jesús dijo: «Os he destinado para que vayáis y deis fruto abundante y duradero». Los frutos que un cristiano debe dar son, básicamente:

- Vivir con fe: aceptar a Dios y confiar en él. Aceptar a los demás y confiar en ellos.
- Vivir con esperanza: caminar con ilusión hacia el futuro, apoyándose en la fuerza que Dios da, sabiendo que la felicidad definitiva solo llegará en la plenitud de los tiempos.
- Vivir con amor: amar a Dios sobre todas las cosas, y al prójimo como a uno mismo. Amando más al que más lo necesita.

Compartir los gozos y tristezas

El cristiano no tiene soluciones para todos los problemas de la sociedad. Pero su fe le lleva a compartir las alegrías y las penas de sus semejantes, y a buscar juntos vías de solución.

Quien sabe que Dios le ama está convencido de que ese Dios no le abandonará, ni a él ni a nadie, aunque en todo el trayecto de la vida surjan dudas. «Sé de quién me he fiado», decía el apóstol. Ese es el mensaje central de la fe cristiana.

MASACCIO, *Jesús*.

Jesús no señaló un programa de actuación, pero sí marcó un estilo que debe caracterizar los actos liberadores del cristiano.

SÍNTESIS

DIOS

↓

ha creado a las personas

como seres con dignidad	como seres sociales	como seres capaces de comprometerse
superiores a todo lo creado	*llamados a*	al estilo de Jesús
· inteligentes · libres · responsables	· solidaridad · participación · compartir	· viviendo con fe · con esperanza · amando a todos

↑ ↑ ↑

Dios quiere a las personas...

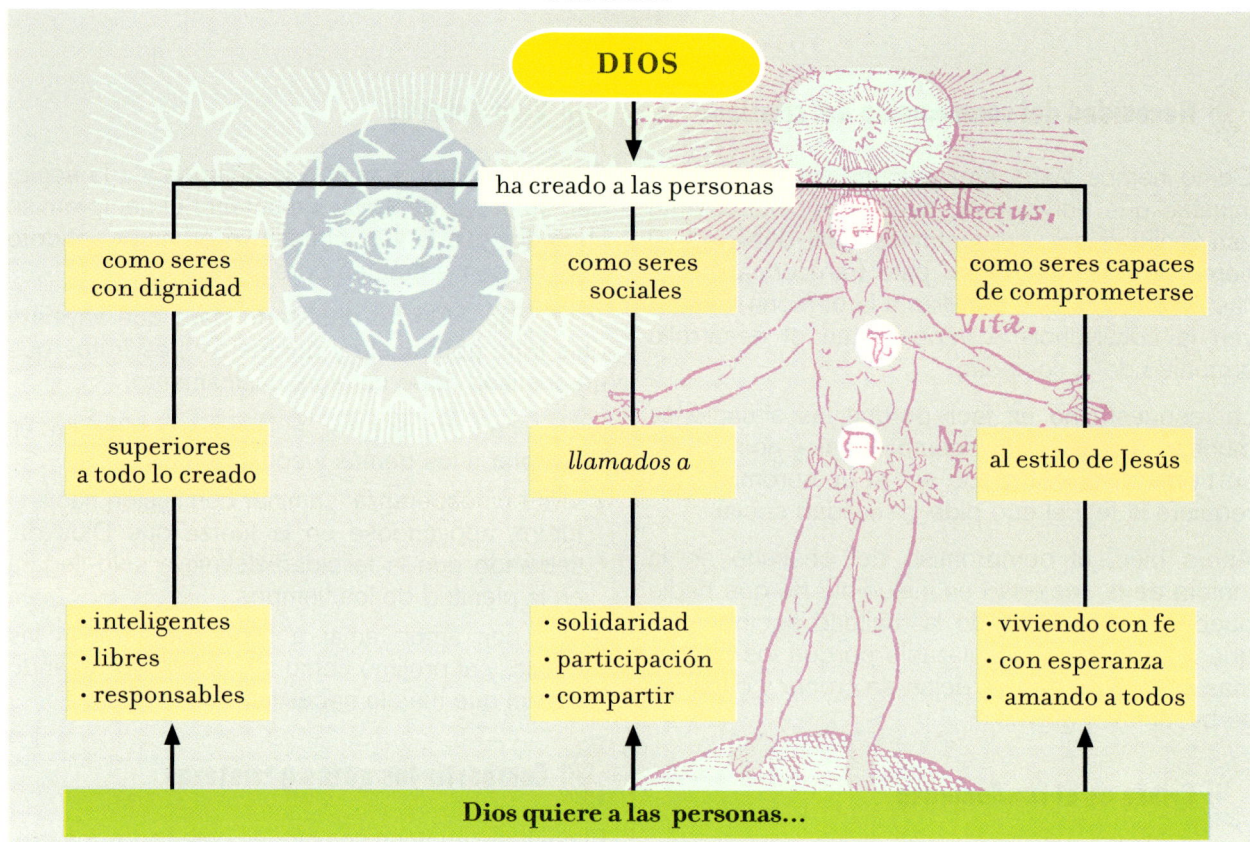

C O M P R U E B A   L O   Q U E   S A B E S

Relaciona estos artículos del *Catecismo de la Iglesia Católica* con los contenidos que hemos visto en este tema. ¿Qué añaden a lo que hemos analizado?

● *Dios ha creado al hombre racional confiriéndole la dignidad de una persona dotada de la iniciativa y del dominio de sus actos (n.º 1730).*

● *La libertad caracteriza los actos propiamente humanos. Hace al ser humano responsable de los actos de que es autor voluntario. Es propio del hombre actuar deliberadamente (n.º 1745).*

● *La persona necesita la vida social. Esta no constituye para ella algo sobreañadido sino una exigencia de su naturaleza (n.º 1879).*

● *El principio, el sujeto y el fin de todas las instituciones sociales es y debe ser la persona humana (n.º 1892).*

● *La participación es el compromiso voluntario y generoso de la persona en los intercambios sociales. Es necesario que todos participen, cada uno según el lugar que ocupa y el papel que desempeña, en promover el bien común. Este deber es inherente a la dignidad de la persona (n.º 1913).*

● *La participación se realiza ante todo con la participación de las tareas cuya responsabilidad personal se asume: por la atención prestada a la educación de su familia, por la responsabilidad en su trabajo, el hombre participa en el bien de los demás y de la sociedad (n.º 1914).*

● *Los ciudadanos deben cuanto sea posible tomar parte activa en la vida pública (n.º 1915).*

● *La participación de todos en la promoción del bien común implica, como todo deber ético, una conversión, renovada sin cesar, de los miembros de la sociedad (n.º 1916a).*

1. Este credo de alabanza es un canto a Dios y al hombre. Léelo despacio y vete añadiendo a cada estrofa el *porqué*.

Creo en Dios y en el hombre

Creo en Dios
y creo en el hombre
como imagen de Dios.

Creo en los hombres,
en su pensamiento,
en su trabajo agotador,
que los ha hecho ser lo que son.

Creo en la vida
como alegría diaria
y como duración,
no préstamo efímero
dominado por la muerte.

Creo en la vida
como posibilidad ilimitada
de elevación y sublimación.

Creo en la alegría, la gloria
de cada estación,
de cada etapa,
de cada aurora,
de cada ocaso,
de cada rostro;
de cada rayo de luz
que parte del cerebro,
de los sentidos,
del corazón.

Creo en la posibilidad
de una gran familia humana
como Cristo la quiere:
intercambio de todos los bienes
del espíritu y de las manos de la paz.

Creo en mí mismo, en la capacidad
que Dios me ha conferido,
para que pueda experimentar
la mayor de las alegrías,
que es la de dar y darse.

Cardenal Bevilacqua

2. Elabora un decálogo con diez propuestas que creas son prioritarias a la hora de fomentar un mundo mejor donde las personas se sientan más felices. Después ordénalas de más a menos importantes.

3. El petrolero *Prestige* vertió, a finales de 2002, miles de toneladas de fuel que contaminaron gran parte de las costas.

– ¿Qué interpretación das a esta viñeta de Máximo?

Máximo, en *El País*.

4. Resuelve este salto de caballo comenzando por la sílaba en negrita y hallarás una frase relacionada con el tema.

– Una vez que la hayas descifrado, explica el significado de la misma.

ES	CI	NA.	DE	PER
-------	LAS	LA	CIO	-------
PRIN	NES	PIO	SO	FIN
INS	-------	**EL**	-------	TU
-------	-------	TI	Y	-------

EN LA RED

PROYECTO DIDÁCTICO

Equipo didáctico de Ediciones SM / PPC

AUTORES

Javier Cortés Soriano
Samuel Forcada González
Gaspar Castaño Mediavilla

REVISIÓN PEDAGÓGICA

Pedro Barrado

DISEÑO DE CUBIERTA E INTERIORES

Alfonso Ruano
Julio Sánchez

MAQUETA

Eduardo González

ILUSTRACIONES

Olga Pérez

FOTOGRAFÍA

Geoff Manasse; A. Crowley; AGE FOTOSTOCK; AISA; ASA; Betmann / CORBIS;
COVER; David Buffington; Doug Menuez; Erich Lessing; F. Bouillot; Gavriel Jecan;
ILLUSTRATED LONDON NEWS; Juan Gabriel Pallarés; J. M. Ruiz; Joseph Martin;
Kevin Peterson; Luis Agromayor; Mel Curtis; ORONOZ; Pascual Rubio; Pedro Carrión;
Ryan McVay; Sami Sharkis; Schrem / PRISMA; Scott T. Baxter; T. Haley / SIPA-PRESS;
Skip Nall; Steve Cole; Steve Mason; STOCKBYTE; Vicky Kasala; Yolanda Álvarez;
Juan Carlos Martínez Zafra; Neil Beer; Pascual Rubio; Archivo SM; G. Allison;
DIGITALVISION; Alberto Bueno; EFE; J. M. Navia; Sonsoles Prada; José Vicente Resino;
Javier Calbet; PHOTOLINK; ALBUM

COORDINACIÓN TÉCNICA

Pedro Barrado

COORDINACIÓN EDITORIAL

Gaspar Castaño

DIRECCIÓN EDITORIAL

Fátima Senante

«El nombre de **Betania** tiene amplias resonancias bíblicas. Aldea próxima al monte de los Olivos. Lugar natal de Lázaro (amigo de Jesús, resucitado por él) y de sus hermanas Marta y María. En casa de Simón el Leproso, María ungió a Jesús. En un lugar cercano a Betania tuvo lugar la Ascensión de Jesús.»

Biblia cultural. Madrid, SM/PPC

Este libro corresponde al segundo ciclo de Educación Secundaria y forma parte de los materiales curriculares del proyecto editorial de Ediciones SM/PPC, que ha sido debidamente supervisado y autorizado por la Comisión Episcopal de Enseñanza y Catequesis, el 18 de marzo de 2003.

© Javier Cortés Soriano, Samuel Forcada González, Gaspar Castaño Mediavilla - EDICIONES SM / PPC
ISBN: 84-348-9293-6 (Ed. SM) - ISBN: 84-288-1771-5 (PPC, SA) / Depósito legal: M-36845-2007
Melsa - Ctra. de Fuenlabrada a Pinto, km 21,8 - Pinto (Madrid) / Impreso en España - *Printed in Spain*